글로벌 통상영어

English for Global Trade & Commerce

글로벌 통상영어
English for Global Trade & Commerce

2021년 2월 22일 인쇄
2021년 2월 25일 발행

저자 박복재
발행인 정성택
발행처 전남대학교출판문화원

등록 1981. 5. 21. 제53호
주소 61186 광주광역시 북구 용봉로 77
전화 (062) 530-0573
팩스 (062) 530-0579
홈페이지 http://www.cnup.co.kr
이메일 cnup0571@hanmail.net

값 15,000원

ISBN 978-89-6849-799-5 (93320)

* 잘못된 책은 바꿔드립니다.

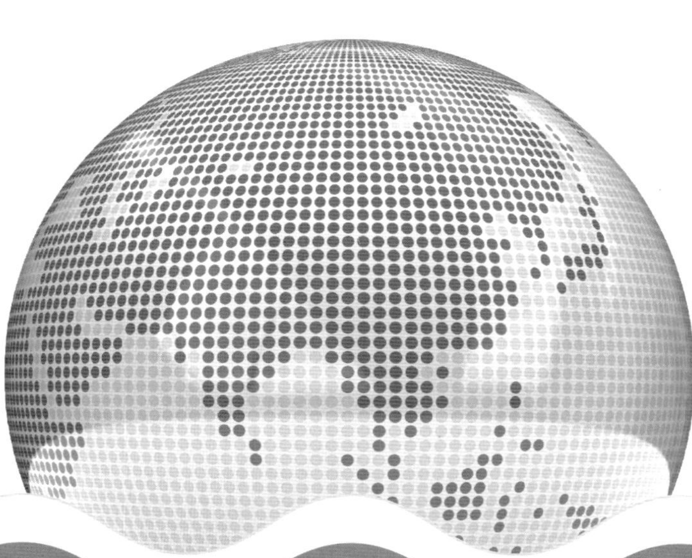

박복재 저

글로벌 통상영어

English for Global Trade & Commerce

전남대학교출판문화원

서문

오늘날 글로벌 통상환경은 통상과 안보의 융합시대로 나아가고 있다. 특히 코로나19 이후에는 각국 정부의 경제개입 확대로 경쟁적인 보호무역주의 확산이 가속화되고 미·중 갈등이 심화되는 한편 디지털 경제가 부각될 것이다.

최근 많은 글로벌 통상 기업들이 코로나19와 급격한 대내외적 사업여건의 변화로 인해 국제무역 활동에 애로를 겪고 있다. 우리나라 기업들은 코로나19 팬데믹과 보호무역 확산에 대응해 수출입시장 다변화를 통한 공급망 확대와 위기관리 전략으로서 전자무역 활성화를 통한 디지털 경제 시대를 준비해야 할 것이다.

글로벌 통상영어는 일상의 생활 영어를 중심으로 무역 전문용어와 무역거래 특유의 관용적 표현을 사용하여 거래상대방과 의사소통을 하는 것이다. 글로벌 통상영어를 잘하기 위해서는 영어의 구사능력, 무역실무의 지식, 국제상거래 감각, 정보통신기술(IT)의 활용능력 등이 필수불가결한 요소이며 이를 익히기 위한 다양한 각도의 학제간(interdisciplinary) 학습이 필요하다.

이러한 상황 하에서 저자는 독자가 국제비즈니스 전문가로 성장할 수 있도록, 무역실무에 대한 심도 깊은 이해를 바탕으로 글로벌 통상거래의 중심업무인 무역 서한을 작성할 수 있으며, 전문적인 커뮤니케이션을 전개할 수 있는 능력을 갖추기를 희망한다.

본서의 독자로서는 대학교에서 글로벌 통상영어, 비즈니스커뮤니케이션, 무역실무, 전자무역 등을 공부하고 있는 연구자·학생, 은행, 보험회사, 선박회사, 항만관계자 등 무역업무와 실제 관련자, 중소기업의 무역업무 담당자 등을 염두에 두고 있다.

독자는 본서를 우선 학습하면서 무역거래 각 단계별 상황에서 실제로 자신이 직접 글로벌 통상영어 서한을 작성해 보고, 그것을 본서의 표준 무역서신(Model Letter) 및 이메일(E-mail)과 비교·검토하고 나아가 무역서류 양식을 학습함으로써 보다 수준 높은 글로벌 통상영어 능력의 향상을 도모할 수 있을 것이다.

본서의 제1편에서는 온·오프라인 비즈니스 커뮤니케이션을 다루고 있다. 온·오프라인 무역의 비교와 온·오프라인 무역통신문의 차이점을 설명하였다.

제2편에서는 무역거래의 개요부분으로서 무역거래의 의의, 무역의 형태, 무역거래 절차를 전자무역과 전통적 무역으로 나누어 기술하였다.

제3편에서는 무역실무와 표준 무역서신 및 이메일, 무역서류 양식을 다루고 있다.

마지막으로 부록에서는 글로벌 통상영어에 자주 사용되는 무역용어를 정리하였다.

본서에서는 최근 개정되어 시행되고 있는 국제상업회의소(ICC)의 인코텀즈(Incoterms) 2020의 내용을 반영하고 있다. 글로벌 통상의 전문가가 되기 위해서는 이러한 국제무역 관련 법규를 비롯한 글로벌 비즈니스 환경에 대한 이해가 필수적이다. 저자는 본서를 통해서 독자들이 글로벌 통상의 전문적 능력을 기르고 글로벌 비즈니스현장에서 본격적으로 활약하기를 진심으로 기원한다.

본서를 집필하는데 전남대학교 문화사회과학대학의 선배·동료 교수님들의 따뜻한 격려는 큰 밑거름이 되었다. 그리고 본서의 출판에 각별한 정성을 보여주신 전남대학교출판문화원 관계자분들께 깊은 감사를 드린다.

2021년 立春

白雪이 덮인 無等山을 바라보며,

저자

차례

제1편 온·오프라인 비즈니스 커뮤니케이션

제1장 글로벌 통상영어와 온·오프라인 무역 17

제1절 글로벌 통상영어의 의의 17

제2절 온·오프라인 무역의 비교 18

1. 온·오프라인 무역의 거래단계별 특징 18
2. 온·오프라인 마케팅의 차이점 20

제2장 온·오프라인 무역통신문 22

제1절 온라인 무역통신문 22

1. E-Mail 구성요소의 배치 (Layout) 22
2. E-Mail의 구성요소 23

제2절 오프라인 무역통신문 26

1. 무역통신문의 원칙 26
2. 무역통신문의 구성요소 27

제2편 무역거래의 개요

제1장 무역거래의 의의 35

제1절 무역거래의 본질 35

제2절 국제무역의 특징과 위험 36

제2장 무역의 형태 38
제1절 직접형태와 간접형태 38
제2절 매매형태와 교환형태 38
제3절 위탁형태 39
제4절 중계형태 39
제5절 가공형태 40

제3장 무역거래의 절차 41
제1절 전자무역을 통한 수출입 41
1. 전자무역 네트워크 및 업무 프로세스 41
2. Trade Card와 Bolero Project 44
제2절 무역거래의 절차 45
1. 수출거래의 절차 45
2. 수입거래의 절차 50
3. 수출입 주요 프로세스 53

제3편 무역실무와 표준 무역서신, 이메일

제1장 신용조사와 거래관계의 설립 59
제1절 거래상대방의 선택 59
1. 거래관계의 창설 59
2. 일반거래조건의 협정 62

Model Letter 1-A. Inquiry for a New Customer 64
Model Letter 1-B. Reply to the foregoing 65
Model Letter 2-A. Credit Inquiry to a Bank Reference 66
Model Letter 2-B. Reply to the Credit Inquiry 67

Model Letter 3-A. Credit Inquiry to a Trade Reference — 68
Model Letter 3-B. Reply to the Credit Inquiry — 69
Model Letter 4. Proposal Accepted — 70
Model Letter 5. Proposal Declined — 71

제2장 매매계약 — 74

제1절 무역계약의 체결 — 74
1. 무역계약의 체결 — 74
2. 무역계약서의 작성 — 76
3. 무역계약의 종류 — 77
제2절 무역계약의 기본조건 — 78
1. 품질조건 — 78
2. 수량조건 — 78
3. 가격조건 — 78
4. 선적조건 — 79
5. 보험조건 — 79
6. 결제조건 — 80
제3절 무역계약과 인코텀즈(Incoterms) — 81
1. 국제규칙의 제정 — 81
2. 정형거래조건(Incoterms® 2020)의 이해 — 82

Model Letter 1-A. Inquiry for Polyester Fabrics — 85
Model Letter 1-B. Reply to the foregoing — 86
Model Letter 2. Selling Offer of Canned Top-Shell, Seasoned — 87
(Model Form 1) Offer Sheet for Canned Top-Shell, Seasoned — 88
Model Letter 3-A. Buying Offer of Golf Club — 89
Model Letter 3-B. Reply to the foregoing (Estimate for Golf Club) — 90
(Model Form 2) Estimate for Golf Driver TaylorMade R11-S 9* — 91
Model Letter 3-C. Counter Offer (asking for a price reduction) — 92
Model Letter 3-D. Acceptance of Counter Offer (allowing a discount) — 93

Model Letter 3-E. Order for Golf Driver Club — 94
(Model Form 3) Purchase Order — 95
(Model Form 4) Reverse of Purchase Order — 96
Model Letter 3-F. Confirmation of Order — 97
(Model Form 5) Sales Note — 98
(Model Form 6) Purchase Note — 99
(Model Form 7) Sales Note — 100
Model Letter 3-G. Informing of establishment of an L/C — 101
(Model Form 7) Agreement on General Terms and Conditions — 102

제3장 무역대금결제방식과 신용장 — 106

제1절 대금결제방식과 신용장 — 106
1. 송금방식 — 106
2. 추심결제방식 — 107
3. 신용장방식 — 107
제2절 신용장 — 108
1. 신용장의 의의 — 108
2. 신용장의 당사자 — 110

Model Letter 1-A. Letter asking for L/C — 112
Model Letter 1-B. Reply to the foregoing — 113
Model Letter 2. Request for Changing of the Opening Bank of L/C — 114
Model Letter 3. Request for Extension of Expiration Date of L/C — 115
Model Letter 4. Request for Extension of Shipment — 116
Model Letter 5-A. Request for confirmation of confirming bank — 117
Model Letter 5-B. Reply to the foregoing — 118
Model Letter 6. Asking for amendment of L/C — 119
Model Letter 7. Request for extension of the sight of the draft — 120
Model Letter 8. Request for shift from dollar to won-based business — 121
(Model Form 1) Export Letter of Credit — 122

(Model Form 2) Bill of Exchange ---- 123
(Model Form 3) Advice of Correspondent's Irrevocable Credit ---- 125

제4장 무역운송과 해상보험 ---- 129

제1절 무역운송 ---- 129
1. 해상운송 ---- 129
2. 선적서류 ---- 129
3. 국제복합운송 ---- 133

제2절 해상보험 ---- 133
1. 해상보험의 정의 ---- 133
2. 해상보험의 중요용어 ---- 134
3. 해상보험증권 ---- 136
4. 협회적화약관 ---- 138
5. 해상손해 ---- 140

Model Letter 1-A. Shipping Advice ---- 141
Model Letter 1-B. Shipping Notice ---- 142
Model Letter 1-C. Shipment Advice ---- 143
Model Letter 2. Asking for postponement of shipment ---- 144
Model Letter 3. Information on Shipping Marks ---- 145
Model Letter 4. Application for Insurance Contract ---- 146
Model Letter 5-1. Confirmation of Marine Insurance ---- 147
Model Letter 5-2. Notice of Insurance Effected ---- 148
(Model Form 1) Commercial Invoice ---- 149
(Model Form 2) Certificate of Origin ---- 150
(Model Form 3) Letter of Indemnity ---- 151
(Model Form 4-1) Bill of Lading ---- 152
(Model Form 4-2) Bill of Lading ---- 153
(Model Form 5) Letter of Guarantee ---- 156
(Model Form 6) Certificate of Marine Cargo Insurance ---- 158

제5장 클레임과 분쟁해결 162

제1절 클레임의 개요 162

1. 클레임의 의의 162
2. 클레임의 발생원인 162
3. 클레임의 방지대책 163
4. 클레임의 해결방법 161

제2절 전자무역의 클레임과 ADR 164

1. 전자무역의 클레임 164
2. 전자무역 클레임의 해결 165

제3절 클레임관계 서한의 작성요령 166

Model Letter 1-A. Claim for delayed shipment 167
Model Letter 1-B. Reply to the foregoing 168
Model Letter 2-A. Claim for different goods 169
Model Letter 2-B. Claim Settlement 170
Model Letter 3-A. Claim for Inferior Goods 171
Model Letter 3-B. Reply to the foregoing(Meeting halfway) 171
Model Letter 4-A. Claim for breakage 173
Model Letter 4-B. Reply to the foregoing(Claim declined) 174
Model Letter 5. Claim Settlement 175

참고문헌 179

부록 무역용어(Trade terms) 181

찾아보기 195

그림차례

제2편 무역거래의 개요

그림 2-1 전자무역기반시설: 전자무역네트워크 현황 41
그림 2-2 전자상거래 수출기업과 유관기관의 전자상거래 업무 프로세스 42
그림 2-3 초연결 디지털 무역플랫폼 구축 방향 44
그림 2-4 일반수출절차 49
그림 2-5 일반수입절차 52
그림 2-6 수출입 주요 프로세스 53
그림 2-7 수출입 프로세스 개념도 54
그림 2-8 수출 프로세스 55
그림 2-9 수입 프로세스 56

표차례

제1편 온·오프라인 비즈니스 커뮤니케이션

표 1-1 온·오프라인 무역의 거래단계별 특징 — 19
표 1-2 온·오프라인 마케팅의 차이점 — 21

제3편 무역실무와 표준 무역서신, 이메일

표 3-1 Incoterms 2020 — 79
표 3-2 매도인과 매수인의 의무(Incoterms 2020) — 82

제1편

온·오프라인 비즈니스 커뮤니케이션

제1장 | 글로벌 통상영어와 온·오프라인 무역

제1절 글로벌 통상영어의 의의

오늘날 세계경제는 정보통신기술의 발전에 힘입어 인터넷기반의 디지털경제시대로 다가가고 있다. 특히 인터넷 사용의 확산은 기업 활동의 글로벌화를 가속화하고 무역거래방식과 관행을 근본적으로 변화시킴으로써 새로운 무역의 패러다임을 등장시키고 있다.

이에 따라 전통적 무역에 대한 상대개념으로서 생성된 용어가 온라인(On Line) 무역, 즉 전자무역(Electronic Trade)[1]이다. 전자무역은 해외시장조사, 마케팅, 계약교섭, 계약체결, 운송, 보험, 대금결제, 통관 등의 제반 무역 업무에서 전부 또는 일부를 세계적 개방형 네트워크인 인터넷과 보안성이 높은 VAN 등을 이용하고, 무역서류의 업무처리상 EDI가 중요한 수단이 되며, 국내외 데이터베이스를 동시에 이용함으로써 국내거래와 해외무역거래가 동시에 이루어진다.

오프라인(Off Line) 무역인 전통적 무역이 팩스, 텔렉스, 전화 및 우편을 이용하는 무역이라면, 온라인 무역인 전자무역은 컴퓨터와 인터넷을 이용하는 무역이다. 오프라인 무역은 물리적 장소에서 거래상대방과 직접 대면하는 거래인데 온라인 전자무역은 시간적, 공간적 제한 없이 사이버공간에서 거래상대방과 대면하지 않고 이루어지는 거래이다.

이러한 통신기술의 진보와 기업의 글로벌화는 무역거래의 대상물품, 거래당사자, 활동영역, 활동경로는 물론이고 비즈니스 커뮤니케이션의 업무처리방식도 급격히 변화시키고 있다. 최근 무역거래 통신수단으로서 이메일이 본격적으로 사용되고 있

1) 전자무역 촉진에 관한 법률 제2조 1항에서는 「전자무역이란 무역의 일부 또는 전부가 전자무역 문서로 처리되는 거래를 말한다」고 정의하고 있다. 이러한 전자무역에는 거래형태 및 절차만이 아닌 무역거래의 대상도 포함되어 있다. 전자무역의 대상을 일반적인 물품(유체물) 이외에 전자적 형태의 무체물도 포함시키고 있으며, 이러한 무체물의 수출입도 전자무역으로 정의하고 있다.

으며, 이에 맞추어 무역통신문의 작성방법도 변하고 있다.

무역거래에는 통신 외에도 각종 관련 문서가 필요하다. 매매계약서를 비롯하여 신용장, 선하증권 등의 서류(documents) 그리고 배후에는 법률이나 상관습과 전문용어(technical terms)가 있다. 무역통신과 관련서류 혹은 무역실무에 나타나는 영어를 무역영어(International Trade English)[2] 혹은 글로벌 통상영어(English for Global Trade & Business)라고 한다.

우리나라의 경우 영국이나 미국 등 영어를 모국어로 삼는 나라들과는 달리, 국내거래보다는 국제무역에서 사용되는 무역영어가 필수불가결한 수단이다.

원래 상업영어에는 무역거래상의 연락수단으로 발달한 영국적인 상업영어(Commercial English)와 국내거래를 주 대상으로 하여 설득수단으로 발달한 미국적인 상업영어(Business English)의 두 가지 흐름이 있다.[3] 영국식의 'Commercial English'는 무역업자 간의 정형적인 문장의 경향이 있어 친밀감과 개성이 부족했다. 반면, 미국에서는 'Business English'로 불려 이것은 외국 무역보다 국내 기업, 그리고 업체 간 뿐만 아니라 오히려 일반 고객 상대의 언어를 중시해 발달했다. 따라서 친밀감이 있고 판매와 설득의 기법이 우수하다.

글로벌 통상영어는 일상의 생활 영어를 중심으로 무역 전문용어와 무역거래 특유의 관용적 표현을 사용하여 거래상대방과 의사소통을 하는 것이다. 글로벌 통상영어를 잘하기 위해서는 영어의 구사능력, 무역실무의 지식, 국제상거래 감각, 정보통신기술(IT)의 활용능력 등이 필수불가결한 요소이며 이를 익히기 위한 다양한 각도의 학제간(interdisciplinary) 학습이 필요하다.[4]

제2절 온·오프라인 무역의 비교

1. 온·오프라인 무역의 거래단계별 특징

온라인 무역은 기존의 오프라인 무역과 무역업무 처리수단과 통신수단에 있어서

2) 박복재, 「무역영어」, 전남대학교출판부, 2013, p.13.
3) 송면, 「최신무역영어」, 박영사, 1995, p.3.
4) 박복재, 전게서, pp.13-14.

큰 차이가 있다. 온라인 무역은 이메일, 휴대폰 메시지 등의 정보기술 활용의 장점이 있다.

온·오프라인 무역의 거래단계별 특징은 [표 1-1]과 같다.

표 1-1 온·오프라인 무역의 거래단계별 특징

거래절차	오프라인 무역	온라인 무역(전자무역)
1. 해외시장 조사	· 무역거래알선기관(KOTRA, KOTIS 등) 방문, 주한대사관의 자료이용, 현지조사, 무역전문 조사기관에 조사의뢰	· 무역관련기관의 웹 사이트 및 국내외의 검색엔진을 이용하여 정보 수집
2. 거래상품의 선정	· 무역거래알선기관 방문 선정의뢰, 국별, 품목별 수출입 통계 및 Directory 활용, 국내외 무역전시회 참가	· 무역관련기관의 웹 사이트를 이용
3. 마케팅 및 홍보	· 대중매체를 통한 광고, 상품목록 배포, 무역전시회 참가	· 무역거래 알선사이트 및 검색엔진에 등록, Usenet, Mailing List 등록, 사이버무역전시회
4. 마케팅 범위	· 지역 및 시간의 제한	· 전 세계적 마케팅 · 24시간 마케팅 활동 가능
5. 거래대상 선정	· 국내외의 상업회의소, KOTRA, 한국무역협회 등에 거래알선의뢰, Directory에서 거래처 선정, 해외출장, 국내외 무역전시회 참가	· 인터넷을 이용한 시장조사에 의하여 거래상품 및 거래처 선정, 무역거래 알선 웹사이트, 유즈넷에서 자기취급 상품의 거래처 선정, 검색사이트를 통하여 거래처 선정
6. 거래제의 수단	· 무역서한, 팩스, 텔렉스	· E-mail
7. 대면방법 및 장소	· 물리적 장소에서 거래상대방과 직접 대면 상담	· 가상공간에서 거래상대방과 비대면 상담
8. 계약교섭	· 조회나 그 회답은 무역서한, 팩스, 텔렉스로 하고 가격표, 상품목록, 견본을 동봉하거나 별봉으로 보낸다.	· 조회 및 그 회답은 E-Mail로 한다. · E-Mail과 함께 첨부파일로서 전자상품목록, 견본, 그림 및 명세서를 보낼 수 있다.
9. 신용조회	· 은행신용조회처, 동업자신용조회처, 상업흥신소, 무역보험공사, 신용보증기금, KOTRA 등에 직접 조회의뢰	· 국내외의 신용조사기관의 웹사이트 방문, 국내외의 기업신용정보, Database 사이트 방문, Yellow Page 웹사이트 방문

거래절차	전통적 무역	전자무역
10. 계약체결 수단	· 주문, 오퍼 및 승낙은 무역서한, 전신, 팩스, 텔렉스	· 주문, 오퍼 및 승락은 E-Mail 및 Internet Fax
11. 대금결제 방식	· 송금결제방법, 추심결제방법, 신용장 결제방법 등	· 신용카드, 전자화폐, 전자수표, 전자자금이체, Trade Card, Bolero Project, SWIFT에 의한 전자신용장
12. 운송계약	· 프레이트 포워터(Freight Forwarder), 항공회사, 해운회사에 직접 계약 신청	· 각 운송회사의 웹사이트를 방문하여 운항스케줄, 운임 열람, EDI 및 Internet으로 운송계약 신청
13. 보험계약	· 보험회사에 직접 방문하여 보험계약 신청	· 보험회사 웹사이트를 방문하여 Internet 및 EDI로 보험계약 신청
14. 통관	· 서류통관	· EDI 통관(Paperless)
15. 클레임 중재	· 오프라인 무역거래에서 발생한 클레임은 대한상사중재원에서 중재	· 온라인 무역의 특징인 비대면성을 이용한 사기 및 부정거래가 자주 발생 · On Line ADR에 의한 해결 · 전자거래진흥원의 전자거래분쟁조정위원회에 조정의뢰
16. 무역업무 처리수단	· 서류, 직접무역 유관기관 직접 방문	· Internet, EDI 등의 정보기술(IT) 이용
17. 통신수단	· 무역서한, 전신, 팩스, 전화	· 이-메일, 인터넷 팩스 및 인터넷 전화

자료: 박복재, 「무역상무론」, 전남대학교출판부, 2014, pp.48-49.

2. 온·오프라인 마케팅의 차이점

온라인 무역인 전자무역의 수출은 해외시장조사에서 인터넷을 활용한 무역전문 데이터베이스를 사용하는 등 오프라인 무역과는 차이가 크다.

표 1-2 온·오프라인 마케팅의 차이점

거래절차	전통적 무역	전자무역
마케팅 방법	· 불특정 다수를 대상으로 하는 대중 마케팅	· Direct Marketing, Interactive Marketing, Database Marketing, One to One Marketing
마케팅 목표	· 수출시장점유율, 수출액(량)의 증가	· 수입업자 욕구의 충족도 향상
시장조사방법	· 오프라인 방법: 자료에 의한 조사, 현장조사, 전문기관조사위촉	· 온라인 방법: 인터넷, 무역전문 데이터베이스, 해외상용데이터베이스, 일반 PC
커뮤니케이션	· 단방향	· 양방향, 다방향
수출입지역 및 거래상담시간	· 특정지역에 대한 수출(장소제한) 거래상담시간은 영업시간 내 한정	· 장소와 시간을 가리지 않는 Global Marketing과 24시간 및 연중무휴
수출입 거래장소	· 시장, 백화점, 도매점, 슈퍼마켓, 양판점, 소매점 등(물리적 장소)	· 인터넷과 EDI의 정보기술(IT)을 이용하여 PC와 Network가 구축한 가상공간
비용과 시간	· 사무실 운영비, 통신비가 많이 듬	· Internet, EDI, E-Mail 이용으로 비용이 저렴하고 신속성이 있음

자료: 박복재, 상게서, p.52.

제2장 온·오프라인 무역통신문

제1절 온라인 무역통신문

1. E-Mail 구성요소의 배치 (Layout)

E-mail을 발신할 때에는 수신인, 발신인, 사본 배부처, 일자, 제목 등을 쓰는 서식은 미리 화면에 표시되어 있으므로 발신인은 각 항목에 필요사항을 기재하고 나서 본문을 작성한다.

전자적 통신수단을 사용하는 E-Mail의 서식은 무역서한(business letter)과 약간의 차이가 있다. E-Mail의 특징은 손쉽고 빠르고 간결하게 작성하기 때문에 전통적인 정식 무역서한에 있는 의례적인 요소를 생략할 수 있다는 점이다.

E-Mai을 구성하는 각 부분인 기본요소와 보조요소는 다음과 같다.

1) 발신인 (From)
2) 수신인 (To)
3) 사본배부처 (CC)
4) 숨겨진 사본배부처 (BCC)
5) 발신일자 (Date)
6) 건명 (Subject)
7) 서두인사 (Salutation)
8) 본문 (Body of the Letter)
9) 결문인사 (Complimentary Close)
10) 서명 (Signature)
11) 첨부서류 (Attachment)

E-Mail의 필수적인 기본요소는 다음 다섯 가지이다.

1) 발신인 (From)
2) 수신인 (To)
3) 발신일자 (Date)
4) 건명 (Subject)
5) 본문 (Body of the Letter)

E-Mail의 보조요소는 아래와 같다.

6) 사본송부처 (CC)
7) 숨겨진 사본배부처 (BCC)
8) 서두인사 (Salutation)
9) 결문인사 (Complimentary Close)
10) 서명 (Signature)
11) 첨부서류 (Attachment)

2. E-Mail의 구성요소

1) 수신인 (To)

이는 수신인을 지정하기 위하여 설정된 공간이다. 여기에 E-Mail을 보내는 상대방의 이름을 쓰는 것이 보통이지만, E-mail 주소로 대체하는 경우도 있다.

(예) To : harwood@wto.org
To : minsu@korcham.net

2) 발신인 (From)

이는 발신인의 E-mail 주소를 기재하는 공간이다.

(예) From : tradepub@ktnet.co.kr
From : lisa@albaba.com

3) 일자 (Date)

일반 무역서신과 같은 요령으로 쓴다.

미국식 → May 5, 2021

영국식 → 20th October, 2021

4) 건명 (Subject)

이 난에는 건명을 기재한다. 건명은 발신인이 쓰려고 하는 E-Mail의 용건이 무엇인가를 상대방에게 알리는 것이다. 보통의 무역서한에서는 서두인사(Salutation) 다음에 건명을 기재하기도 하지만, E-Mail에서는 먼저 건명을 기재하고 나서 서두인사가 이어진다.

E-Mail을 하루에 수백 건 받는 사람은 모든 내용을 확인하기 어려우므로, 건명만 보고 그 내용을 확인할지를 판단한다.

Subject : Information on our computer parts prices

(건명 : 당사 컴퓨터부품 가격에 대한 정보)

Subject : REQUEST : Price for Model HP-100 Scanner

(의뢰 : HP-100 모델의 스캐너 가격)

5) 본문 (Body of the Letter)

될 수 있는 대로 간결하고 알기 쉽게 쓴다. 문장이 긴 경우나 복수의 용건을 전할 때에는 글 중간에 표제를 넣어 읽기 쉽게 해야 한다. 또한 마지막에 상대방이 어떠한 조치를 취해야 되는가를 정리하여 작성한다.

6) 사본배부처 (CC)

이는 Carbon Copy의 약자로서 동일 내용의 E-Mail을 참고로 수신인 이외에 다른 사람에게 보내려고 할 때 사용하는 난이다. 하나의 E-Mail을 관계자 전원에게 발송하는 경우에 대단히 편리하다.

이 난에 2인 이상의 이름이나 직책 명을 기입하는 경우 알파벳순서 또는 직위의

높은 순위에 따라 기입한다.

CC : Jone, CFO
Mike, Director
Sophia, Manager

7) 숨겨진 사본배부처 (BCC)

이는 "Blind Carbon Copy"의 약자로서 CC처럼 E-Mail의 사본을 TO(수신인)에 기재된 사람 이외에 보내는 경우에 사용된다. 그러나 CC와 상이한 것은 TO에 있는 수신인에게는 이 난이 표시되지 않는다. 즉 상대방(수신인) 모르게 이 E-Mail의 사본을 제3자에게 보내려고 할 때에 그 제3자의 E-Mail Address를 BCC 다음에 쓴다.

8) 서두인사 (Salutation)

일반적인 E-Mail에서는 상대방과의 관계에 따라 서두인사말이 달라진다. E-Mail에서는 예의를 표시해야 되는 경우를 제외하고는 Dear를 사용하지 않고 Ms. Baker와 John처럼 이름으로 시작한다.

Dear Sir/Madam
Dear Friends
Dear Colleagues
Dear Fellows
Dear Members
Everyone

특정의 부서에 보내는 경우는
Dear Customer Service (고객서비스 앞)
Dear Marketing Manager (마케팅부장 앞)
Dear Sales Director (판매이사 앞)

9) 결미인사 (Complimentary Close)

본문을 쓰고 나서 결미인사말을 쓴다. 서두인사말은 생략하는 경우에는 결미인사말도 생략한다.

정중한 표현 → Very truly yours, Yours very truly,
친한 상대방 → Sincerely yours, Yours sincerely,
아주 친한 상대방 → Best regards, Regards, Best wishes, Thanks,

10) 서명 (Signature)

일반 무역서한에서는 본인명을 기재한 후에 직접 서명을 한다. E-Mail에서는 직접 서명을 할 수 없고 마지막 부분에 본인명, E-Mail 주소, 홈페이지 주소, 경우에 따라 직위, 근무지, 주소, 전화번호 등을 쓴다.

Olivia Jones
oliva@iccwbo.org

11) 첨부서류 (Attachment)

용건을 쓴 E-Mail 이외에 참고자료 등을 첨부하는 경우 그 내용은 이 난에 기재한다.
물론 이와 동시에 파일을 메일에 첨부해야 한다.

제2절 오프라인 무역통신문

1. 무역통신문의 원칙

무역통신문을 작성하면서 자신이 말하고자 하는 것을 정확하고 적절한 어조로 상대방에게 전달할 때 훌륭한 커뮤니케이션이 이루어진다. 무역통신문을 효과적으로 작성하기 위해서는 다음 ABC 요건을 만족하고 있는지를 항상 점검해야 한다.

이것은 영어 단어의 머리글자에 의해 「정확(Accurate)」, 「간결(Brief)」, 「명료(Clear)」라는 요소를 특히 유의해서 편지를 쓰는 것이 가장 중요하다는 것이다.

「정확」은 무역통신문의 대부분이 권리, 의무, 이해관계를 수반하기 때문에, 영문의 표현, 기술내용, 숫자, 무역용어 등을 올바르게 사용해야 하고, 「간결」은 한 번 읽으면 바로 이해될 수 있도록 문제의 핵심을 표현할 필요가 있다는 것이다. 「명료」는 문장구조, 구두점, 단어선택 및 구체적 표현에 있어서 명쾌한 문장을 작성해야 한다는 것을 말하고 있다.

무역통신문의 3가지 기능[5]으로는 다음을 들 수가 있다.

먼저 상대를 움직여라. 이것은 설득적 커뮤니케이션으로서 내용의 순서 및 조립, 언어 등을 매우 신중하게 써야 한다. 다음은 상대에게 알려라. 이를 위해서는 정확한 정보를 제공하고 그 정보에 따라 행동할 필요가 있다. 새로운 제품이나 경영 상태 및 마케팅 전략과 기업 정보 및 업계 정보와 시장 정보, 정부의 정책이나 방침과 동향, 향후 전망 등 정확히 알려야 하는 정보가 많다. 마지막으로 상대에게 호의를 제공하라. 거래는 호의와 호감을 가지지 않으면 원활하지 않다. 인간 사회에서 상대에게 호의를 전하고 상대방에게도 호의를 얻는 것이 가장 큰 비결이다. 어떤 일이라도 부드럽고 원활하게 진행되려면 당사자가 서로에게 호감을 갖는 것이며, 사업도 인간관계와 인간의 행위를 반영하는 것임을 잊지 말아야 한다. 이러한 비즈니스 커뮤니케이션의 원리를 숙지하고, 그것을 활용하여 연구함으로써 효과적으로 성공적인 거래를 할 수 있는 것이다.

2. 무역통신문의 구성요소

무역통신문의 구성요소란 무역서신을 구성하는 각 부분을 말하며, 기본요소와 보조요소가 있다.[6]

우선 무역서신의 절대적으로 필요한 기본요소로서는 다음과 같다.

① 서두(Letterhead)

② 발신일자(Date)

---

5) 藤田 榮一, 「貿易取引の實務と英語」, 實務教育出版, 2001, pp.29-32.

6) 박복재, 「무역영어」, pp.15-19.

③ 수신인성명 및 주소 (Inside Address)
④ 서두인사(Salutation)
⑤ 본문(Body of the Letter)
⑥ 결미인사(Complimentary Close)
⑦ 서명(Signature)

다음으로 보조요소는 무역서신에서 필요에 의해 추가되는 요소들을 말한다.
① 참조번호(Reference Number)
② 건명(Letter Subject)
③ 특정인 수신표시(Attention Line)
④ 서신책임자 약호(Identification Marks)
⑤ 동봉물 표시(Enclosure Notation)
⑥ 추신(Postscript)
⑦ 사본송부처 표시(Carbon Copy Notation)

1) 기본요소

(1) 서두(Letterhead)

대부분의 무역회사는 서두에 아래와 같은 사항을 용지의 상단 중앙부분에 간소하고 매력 있게 인쇄해 둔다.

① 회사명(Firm Name)과 주소(Address)
② 전화번호, 텔렉스 번호, 이메일 주소
③ 업종(Line of Business)
④ 지점·출장소(Branches)

(2) 발신일자(Date)

작성방법에는 영국식과 미국식이 있는데, 영국식은 일·월·년 순으로 표기하며 미국식은 월·일·년의 순서로 표기한다.

영국식은 15th March, 2021 (15 March 2021도 가능)

미국식은 March 15, 2021

(3) 수신인명 및 주소(Inside Address)

수신인의 성명 또는 회사명과 주소를 말한다. 흔히 봉투는 분실하기 쉬우므로 다음에 회신을 해야 하는 경우 File 된 편지만으로 용이하게 이용 할 수 있도록 해야 한다.

Inside Address는 첫째 줄은 수신인명과 존칭, 둘째 줄은 회사명, 셋째 줄은 번지수와 동, 가명, 넷째 줄은 도시와 주 및 우편번호 그리고 다음 줄은 국명을 기재한다.

Mr. E. M. Forster, President
Brown & Stone, Inc.
1475 Folsom St.
Boulder, Colorado 80302
U. S. A.

미국 사람은 회사에 보내는 편지에도 되도록 존칭을 담당자 앞에 쓰는 습관이 있으며, 개인이름에 존칭 Mr., Mrs., Miss, Ms 등을 붙여서 제1행에 쓴다.

Ltd.(Limited)는 영국계, Inc.(Incorporated)는 미국계의 주식회사를 표시한다. X ~ & Co. = X ~ and Company는 X라는 사람과 다른 몇몇의 회사라는 뜻이기 때문에 X는 인명이여야만 한다.

주소에서는 St.(Street), Ave.(Avenue), Rd.(Road), Blvd.(Boulevard), Bldg.(Building) 등과 같은 약어도 자주 사용한다.

(4) 서두인사(Salutation)

서신의 서두에 쓰는 인사로서 형식적인 인사말이다.

회사인 경우에 원칙적으로 남자복수인 경우에

영국식은 Dear Sirs,

미국식은 Gentlemen :

구두점은 영국식에는 comma(,) 미국식에는 colon (:)을 사용한다.

(5) 본문(Body of the Letter)

본문은 서신을 작성하는 목적을 나타내는 부분으로서 가장 중요한 구성요소이다. 무역서한은 정확·간결·명료하고 요점이 뚜렷해야 한다.

(6) 결미인사(Complimentary Close)

서신의 마지막 부분에 쓰이는 관습적인 인사말로서 주로 사용되는 것은 아래와 같다.

영국식은 Yours faithfully, Yours sincerely,

미국식은 Very truly yours, Sincerely yours,

(7) 서명(Signature)

서명은 서신에 대한 책임소재를 나타내며 법률상의 효력을 부여하는 중요한 요소이다. 무역서신에서 서명은 회사명, 자필서명, 서명자명 및 서명자의 직책명으로 구성된다. 자필서명은 언제나 일정한 글씨체로 다른 사람이 모방할 수 없도록 해야 한다.

2) 보조요소

(1) 참조번호(Reference Number)

참조번호란 서신을 발송하거나 수신할 때, 서신의 참조와 filing(분류보존)을 위해서 일정한 양식으로 기재하는 기호 또는 번호를 말하며, 후일 참조번호가 있으면 거래의 신속 및 시간절약을 할 수 있다.

(2) 건명(Letter Subject)

서신의 제목을 표시하는 것으로 상대방에게 내용파악을 훨씬 수월하게 해 준다. 표제건명 밑에 밑줄을 치는 것이 좋다.

(3) 특정인 수신표시(Attention Line)

수신자를 상대방 회사로 하면서도 특정 개인이나 부서에 도달될 것을 원하는 경우에는 아래와 같이 특정인 수신표시를 한다.

Attention : Mr. Bill Clinton, Sales Manager

(4) 서신책임자 약호(Identification Marks)

이것은 서신작성자, 서명자 및 타자원을 밝히고 이들의 책임소재를 분명히 하기 위해 사용하는 것이다.

YWP/mlr(dictator, typist)
YWP/MS/mlr(dictator, signer, typist)

(5) 동봉물 표시(Enclosure Notation)

서신과 함께 봉투 안에 가격표, 수표, 사진 등 동봉물이 있는 경우에는 반드시 이 사실을 아래와 같이 표시한다.

Encl. : Price List
Encls. : Price List, Commercial Invoice

(6) 추신(Postscript)

추신은 서신을 다 작성한 후에 추가할 사항이 있거나 본문의 주요내용을 강조하고자 할 때에 사용된다.

(7) 사본송부처 표시(Carbon Copy Notation)

서신 작성자가 수신인 이외의 관계자에게도 서신의 내용을 알리고 싶을 때는 사본을 보낼 수 있다. 이 경우는 C.C.(또는 c.c., cc.)로 사본 발송지의 이름을 쓴다.

CC Mr. John Jones
Copy to Mr. John Jones

1-1 무역통신문의 일반적인 형식
(Modified Block Form; Open Punctuation)

Letterhead(서두)

(기업명, 소재지, 영업종목, 전화번호, Fax 번호, E-Mail 등)

Reference Number(참조번호)

Date(발신일자)

Inside Address(수신인 성명 및 주소)

Attention Line(특정인 수신표시)

Salutation(서두인사)

Letter Subject(건명)

Body of the Letter(본문)

Complimentary Close(결미인사)

Signature(서명)

Identification Marks(서신책임자 약호)

Enclosure Notation(동봉물 표시)

Postscript(PS. : 추신)

제2편

무역거래의 개요

제1장 무역거래의 의의

제1절 무역거래의 본질

무역은 국가와 국가 간에 물품을 사고파는 국제상거래이다. 이러한 물품매매와 관련된 외국과의 거래를 무역거래라고 한다.[1]

최근 국제상거래는 물품매매를 비롯하여 기술·서비스·자본이동을 수반하는 플랜트 수출, 특허·상표·노하우 등 지적재산권의 국제라이센스, 합작투자·건설공사, 판매·대리점, 국제M&A 등의 다양한 형태로 나타나고,[2] 거래방식도 종이서류에서 인터넷을 통한 전자무역으로 발전하고 있다.

통상 우리가 사용하고 소비하는 상품은 그 자체가 외국으로부터 수입된 것이거나, 그 구성요소에 외국으로부터 수입된 부품이나 재료가 사용되고 있다. 혹은 우리나라에서 제조된 공산품, 특히 전기, 자동차, 광학기기 등은 상당부분이 외국에 수출되고 있다.

이와 같이 상품의 수출입에 수반되는 계약의 교섭, 체결, 이행 및 거래절차 등을 다루고, 국제매매를 관리하는 것을 「무역상무(貿易商務)」라고 한다. 또는 「무역실무(貿易實務)」, 「무역거래(貿易去來)」, 「무역매매(貿易賣買)」라고 부르는 경우도 있다.

무역실무는 상품의 국제매매를 주된 대상으로 하고 그것에 관련된 운송, 금융, 화물보험, 국제통신 등의 서비스 지원을 받고 있다. 따라서 이들과 관련된 넓은 전문적 지식이 요구된다. 이들을 병행적으로 상호 관련하여 이해하여야 한다.

크게 나누면 우선 매매는 정보의 교환과 계약의 교환·체결, 이행상의 지시, 상담, 보고 등의 「상류」와 계약의 이행단계에서의 운송으로서의 「물류」, 대금결제로서의 「금융」의 세 가지 흐름으로 이해해야 한다. 그리고 그 상호관계와 기능을 구체적인

1) 전창원·박복재, 「꼭 배워야 할 무역실무」, 무역연구원, 2009, p.13.
2) C.M. Schmitthoff, 「Export Trade」, 10th ed., Stevens & Sons, 2000, pp.1-2.

거래 가운데서 올바르게 파악하는 것이 필요하다.

제2절 국제무역의 특징과 위험

이와 같이 국내매매와 달리 무역은 커다란 위험 속에서 이루어진다. 이것은 무역이 다음과 같은 특징을 가지고 있기 때문이다.[3)]

첫째, 서로 다른 국가에서 영업하고 있는 당사자 간의 국제매매라는 점. 둘째, 기업 간의 거래가 대형화, 거액화, 그리고 나아가 교섭으로부터 이행완료까지 장기간이 걸린다는 점. 셋째, 무역거래를 규율하는 국제적인 통일법이나 규칙이 충분히 정비되어 있지 않고 관습적 규칙이나 표준약관 등을 바탕으로 한 개개의 계약에 의한 결정이 중시된다는 점이다.

무역상무(貿易商務)는 아래의 국제무역의 위험에 어떻게 대처할 것인가에 대하여 기업을 비롯한 국제무역당사자들이 수백 년 동안 시행착오를 거쳐서 연구하고 실천해 온 무역거래실무의 체계인 것이다.

첫째로 신용위험(credit risk)을 들 수가 있다. 일반적으로 무역거래에서 수출업자는 대금회수불능의 위험에 처할 수 있고, 반면 수입업자는 원하는 계약물품을 적기에 공급받을 수 있느냐 하는 상품입수불능의 위험에 직면할 수 있다.[4)] 무역상무에서는 신용장거래를 통하여 이 신용위험에 대처하고 있다.

둘째, 국제간 거래에 따른 운송위험(transit risk)이 있다. 장거리의 국제운송에서는 화물의 손상, 혹은 물리적 손실이 발생하기 쉽다. 무역당사자는 주로 해상보험에 의해 이 위험에 대처하고 있다.

셋째, 환 위험(foreign exchange risk)이다. 국제무역의 경우 이종 통화의 사용에 따른 환율문제가 발생한다. 무역업자는 외화운용의 지식을 가지고 환차손을 회피하는 노력을 하여야 한다. 또한 장기계약의 경우 가격조정의 여지를 남겨두는 계약조항을 삽입하는 등의 교섭을 하여야 한다.

넷째, 의사소통의 장해·법률상의 위험(legal risk)이다. 무역에서는 언어 그 자체가

---

3) 椿 弘次, 「貿易實務入門」, 日本經濟新聞社, 2001, pp.15-26.

4) 박대위·구종순, 「무역개론」, 유원북스, 2012, p.366.

의사소통(communication)의 장해가 되어 원활한 거래를 방해한다. 국제기구와 국제동업자 단체에 의해 통일규칙이 제정·정비되어 이용하기 쉬운 표준약관이 작성됨에 따라 국제거래의 법률에 관한 공통의 이해가 넓어지고 전문용어의 정의도 한층 안정되고, 거래규칙도 전 세계적으로 보급되고 있다. 또한 국제 교통수단 및 인터넷 등의 통신수단이 발달되어 당사자가 직접 대면하여 교섭하는 기회가 늘어나고 있기 때문에 의사소통상의 장해는 상당히 줄어들고 있다.

다섯째, 정치적요인·천재지변의 위험이다. 2000년대 후반 미국 등 선진국에서 발생한 금융위기는 전 세계의 경기 침체를 가져왔으며, 이후 유럽 등으로 확산되어 각국의 경제와 무역구조의 재편으로 이어지고 있다. 이러한 경제위기 이외에도 세계 각지에서의 지역분쟁, 내란·정변, 노사분쟁 등은 무역의 원활한 발전을 저해할 뿐만 아니라, 개개 계약의 채산을 악화시키고 있다. 무역 거래당사자는 상대국의 최신의 거시적인 정치·경제 사정 정보를 수집하고 이것에 신중히 대처해야 한다. 그리고 국가는 무역보험을 제공하고 이것을 지원하고 있다. 또한 지진, 태풍, 홍수 등의 자연재해도 마찬가지이다. 이러한 사태가 발생할 때에는 「불가항력 약관」(force majeure clause)을 적용하여 위험을 회피하는 것이 일반적이다.

제2장 무역의 형태

제1절 직접형태와 간접형태

직접거래(direct trade)는 자국의 매도인이나 매수인이 외국의 매수인 또는 매도인과 국제상거래를 행함에 있어서 그들 사이에 일체 중개자를 개입시키지 않는 것을 말한다. 이에 대하여 간접거래(indirect trade)란 매도인과 매수인간의 국제상거래에 중개자를 개입시켜 그의 손을 거치도록 하는 것을 의미한다.

직접무역이 수출국 또는 수입국의 생산자(제조업자)가 해외의 거래상대자와 직접 거래교섭을 행하여 스스로 모든 거래에 대한 책임을 지고 거래활동을 수행하는 것에 비해서 간접무역은 생산자의 무역활동에 자국내의 무역상사 등이 개입하여 이들 중간상의 손을 거쳐서 국제상거래가 수행되는 것을 말한다.

제2절 매매형태와 교환형태

상품의 수요자가 공급자로부터 상품을 취득하고자 할 때, 오늘날 가장 일반적인 방법으로 여겨지고 있는 것은「매매」에 의한 것이다. 매매란 상품과 통화와의 교환이다. 무역거래에 있어서의 매매는 매도인·매수인이 각각 상이한 국가·지역에 거주하고 있음을 말한다.

한편 어떠한 시점에 의해서 또는 양국 간의 정부간 협정 등에 의하여 대금이라는 화폐의 유출이 없이 대금에 비등한 금액의 상품을 보상으로 제공하는 형태의 무역활동을 보게 된다. 이는 물물교환(barter trade)이라고 불리어지는 거래방식으로 이 거래형태는 오늘날 다양화가 이루어져 보다 넓은 개념으로서의 연계무역(counter trade)에 포함된다.

제3절 위탁형태

매매에 의한 거래에서 공급자가 해외업자에게 상품을 송부하고 현지에서의 판매를 위탁하게 되는 거래방법이 있다. 이러한 형태의 무역활동을 위탁판매무역(consignment trade)이라고 한다. 판매를 위탁한 공급자는 판매된 금액에 상응하여 수수료를 수탁자에게 지급하게 된다.

이러한 판매방식은 신규상품의 진입이나 신시장의 개발에 흔히 이용되는데, 수입업자 측에서는 자금 부담이 경감되며 클레임 제기의 필요성이 없으나 위탁판매자의 입장에서는 대금회수불능의 위험이 있어 본·지사간이나 오랜 거래선 간이 아니면 잘 이루어지지 않는다.

이것과는 반대로 수탁자가 상품을 무환(無換)으로 수입하여 상품이 판매된 범위 내에서 대금결제가 이루어지는 수탁판매무역도 있다. 이는 수탁자가 판매 대리인으로서 위탁자 지정의 조건에 따라 상품을 매각하고 남은 제품은 위탁자에게 반환하며, 판매대금에서 제 경비 및 판매수수료 등을 공제한 잔액만을 위탁자에게 송금하면 된다.

제4절 중계형태

수요자와 공급자간의 상품매매가 제3국의 업자를 통해서 행하여질 때, 그 제3국의 업자의 관점에서 본 무역활동을 중계무역(中繼貿易; intermediate trade)이라고 한다. 거래되는 상품은 공급국으로부터 일단 제3국으로 수입되고 그 후에 재차 제3국에서 수요국으로 수출된다. 이때에 두 가지의 매매계약이 존재하게 되며, 제3국의 업자는 공급자에 대해서는 매수인이 되어 대금을 지급하고, 수요자에 대해서는 매도인이 되어 대금을 수취한다. 이러한 경우 중계상은 수입금액과 수출금액의 차이를 일종의 중계수수료 식으로 취득하게 된다.

또한 전술한 중계무역과 비슷하게, 동일상품에 두 가지의 매매계약이 존재하고 지3국의 업자가 개입하는 경우일지라도 상품이 공급국에서 수요국으로 직송되고 제3국을 경유하지 않는 형태를 취하는 경우가 있다. 이것을 중개무역(仲介貿易; merchandising trade)이라고 일컫는다.

제5절 가공형태

원자재를 외국에서 수입하여 이를 가공·정제한 후, 외국에 수출하는 무역활동을 일반적으로 가공무역(processing trade)이라고 한다. 이 가공무역형태는 수탁가공무역과 위탁가공무역으로 구분된다.

수탁가공무역이란 물품 가공상의 가득액을 가득하기 위하여 원자재의 일부 또는 전부를 거래상대자의 위탁에 의하여 자국에서 이를 가공 후 위탁자 또는 그가 지정하는 자에게 수출하는 무역거래방식이다.

한편 위탁가공무역이란 가공임(加工賃)을 지급하는 조건으로 외국에서 가공할 원자재의 일부 또는 전부를 거래상대자에게 수출하여 이를 가공한 후 가공물품을 다시 수입하는 거래방식이다.

제3장 무역거래의 절차[5)]

제1절 전자무역을 통한 수출입

1. 전자무역 네트워크 및 업무 프로세스

우리나라 전자무역기반시설인 전자무역 네트워크의 현황 및 전자상거래 수출기업과 유관기관 전자상거래 업무 프로세스는 <그림 2-1>, <그림 2-2>와 같다.

그림 2-1 전자무역기반시설: 전자무역네트워크 현황

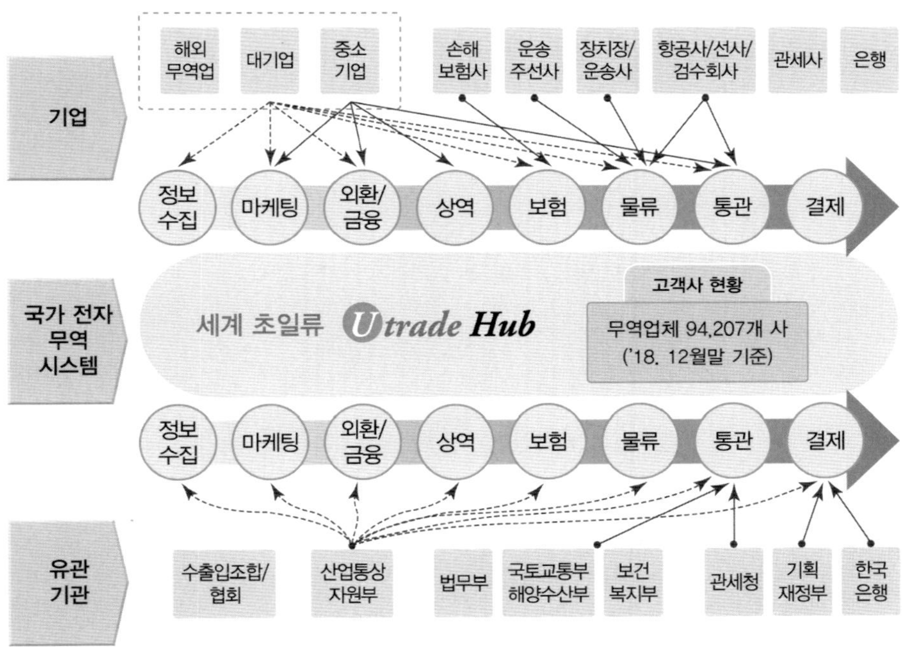

자료: KTNET, 2019.

5) 강태구 외 2인, 무역학개론, 법문사, 2019, pp.293-309.

그림 2-2 전자상거래 수출기업과 유관기관의 전자상거래 업무 프로세스

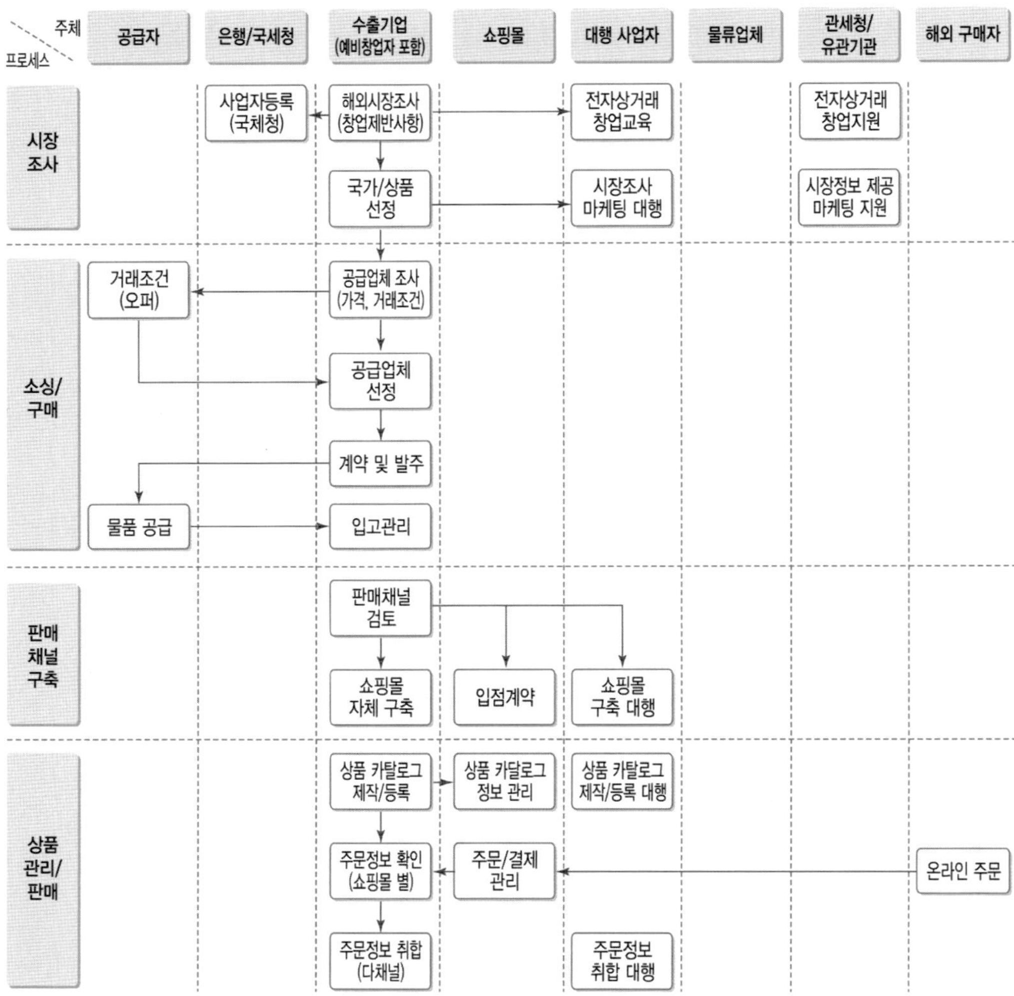

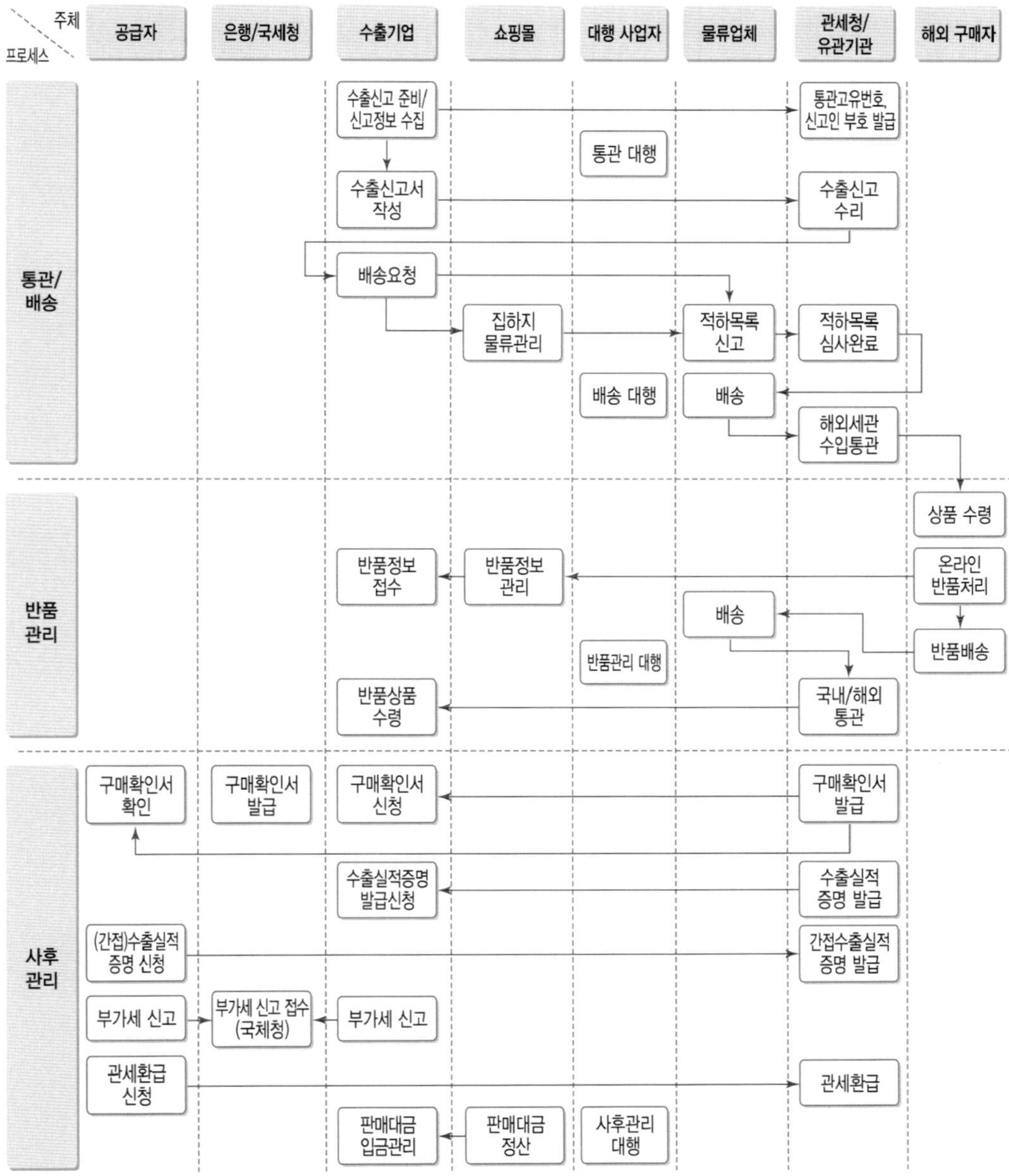

자료: 산업통상자원부, 무역협회, 2019.

그림 2-3 초연결 디지털 무역플랫폼 구축 방향

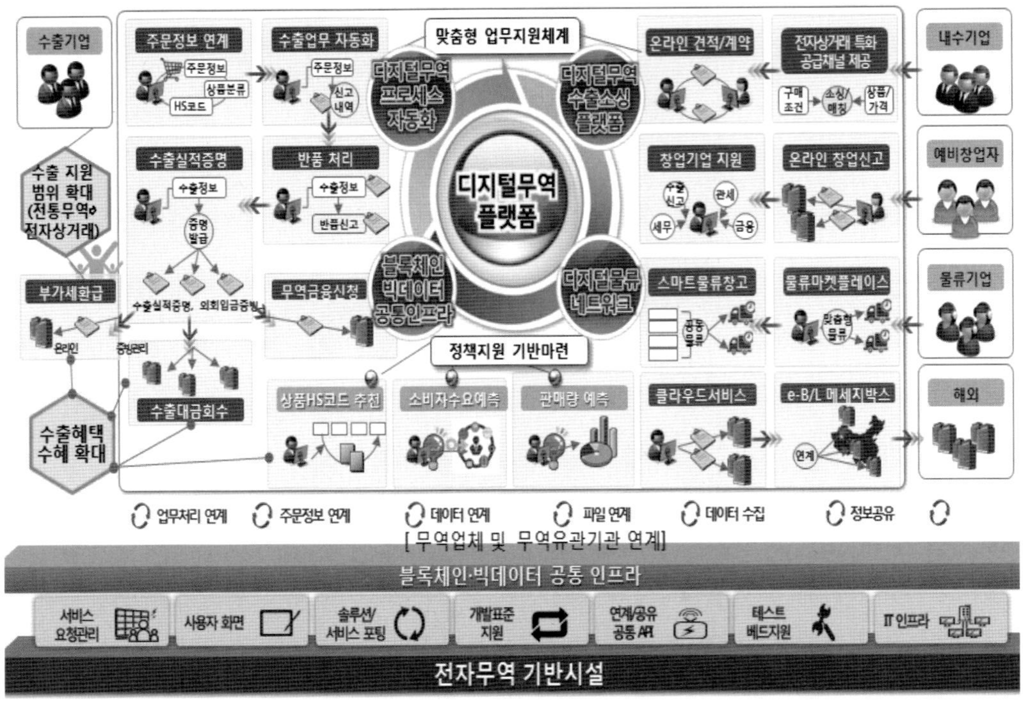

자료: KTNET, 2019.

2. Trade Card와 Bolero Project

(1) Trade Card

Trade Card 시스템은 전자무역 서류의 전송과 대금결제방법을 전자화하려는 목적으로 WTCA(World Trade Center Association; 세계무역센터협회)가 주관하고 있는 사업이다.

Trade Card 시스템은 신용장 없는 무역대금 결제방법으로 이행하기 위한 전자시스템의 일종이다. Trade Card에서는 신용장거래에서의 서류심사업무가 은행에서 Trade Card 시스템으로 이관된다는 것이 특이하다. 은행은 단지 자금의 공여와 지급업무를 수행할 뿐이다.

Trade Card를 활용하면 국제간 무역거래에서 서류작성에서 대금결제까지 인터넷으로 할 수 있다. Trade Card는 현행 L/C, D/A, D/P, T/T 등의 무역거래방식을 대체하는 새로운 전자무역 방식의 Financial Supply Chain 이다.

Trade Card를 이용하면 은행이 바이어의 거래금액의 100%를 지급보증(protection)하므로 수출업자는 바이어의 채무불이행에 대한 불안을 가질 필요가 없다. 또한 수출입 서류처리 및 부대비용을 절감시킬 수 있다.

(2) Bolero Project

1994년에 영국, 미국, 스웨덴, 네덜란드, 홍콩의 해운회사, 은행, 통신사 등이 참여하여 컨소시엄 형태로 시작된 Bolero Project(Bill of Lading Electronic Registry Organization)는 무역거래에 필요한 종이서류를 전자메시지로 전환하여 안전하게 교환할 수 있는 기반을 제공하는 것을 목표로 하고 있다. Bolero Project에서는 전자식 선하증권(Electronic B/L)을 포함하여 무역서류 전반에 걸친 전자화를 추구하고 있다.

Bolero Project는 SWIFT와 TT Club(Through Transport Mutual Club; 영국의 3개 P&I 클럽의 공동설립상호보험조합)에 의해 주도되고 있다.

Bolero는 국제 금융결제서비스를 전담하고 있는 SWIFT와 무역운송관련 보험시장을 장악하고 있는 TT Club에 의해서 주도되고 있다는 점에서 앞으로 전자무역거래와 대금결제방식에 커다란 영향을 줄 것이다.

제2절 무역거래의 절차

1. 수출거래의 절차

수출절차를 광의로 해석하면 수출업자가 수입업자에게 오퍼를 보내는 단계로부터 계약상품을 선적하고 은행에서 매입(Nego)대금을 받은 후 수입상에게 선적서류를 보내는 단계까지를 포함한다.

우리나라에서 무역업을 하고자 하는 자는 사업자 소재지의 관할세무서에 사업자등록을 해야 하고 한국무역협회장으로부터 무역업고유번호를 부여받아야 한다. 수출계약에서부터 그 거래가 완료할 때까지의 서식과 화물의 흐름을 단계별로 요약하면 다음과 같다.

(1) 거래처 선정 및 수출계약

수출거래를 처음 시작하는 수출업자는 해외의 거래처(수입업자)의 선정이 가장 어려운 문제이다. 거래처를 선정하기 전에 먼저 수출시장을 선정하고 그 중에서 가장 믿을 수 있는 거래처를 선정하여야 한다. 거래처의 동의를 얻게 되면 수출계약을 체결하게 된다.

(2) 외국수입업자의 신용장 개설의뢰

외국수입업자는 한국의 수출업자와 무역계약을 체결하면 무역계약서의 대금결제조건에 따라 자사의 거래은행에 신용장의 발행을 신청한다.

(3) 신용장의 통지

외국의 신용장 개설은행으로부터 신용장 통지의 지시를 받은 통지은행(advising bank)은 그 지시나 신용장이 외관상 진정성이 있는가를 점검한 다음, 수출업자(수익자; beneficiary)에게 신용장을 통지한다.

(4) 수출신용장 내도(수출신용장의 수취)

신용장 통지은행은 수출업자에게 신용장 내도를 통지한다. 외국의 수입업자가 우리나라 수출업자로부터 물품을 수입하기 위하여 그 수입업자의 요청으로 외국의 외국환은행이 발행한 신용장이 우리나라 수출업자에게 도착된 신용장을 수출신용장(export L/C)이라고 한다.

(5) 수출승인 및 쿼터배정 신청

수출승인품목을 수출하고자 하는 자는 수출입승인기관의 장으로부터 수출승인을 받아야 한다. 이때 수출입승인기관의 장은 수출신용장과 수출승인신청서의 일치여부 및 무역관계법규의 저촉여부를 확인한다. 섬유사, 섬유직물, 의류 등을 미국, EU, 캐나다, 터키 지역으로 수출하는 경우 쿼터배정주관기관을 통해 쿼터를 배정받아야 한다.

(6) 수출금융 융자신청

수출업자는 직접 수출품을 제조하거나, 수출품 제조업자로부터 매입한다. 수출품을 매입할 때 제조업자 앞으로 내국신용장(local L/C)을 개설하는 방법으로 매입할 수 있다. 수출업자는 수출품의 제조·가공·집하·매입 등에 소요되는 자금을 수출지원 금융제도에 의거하여 은행으로부터 융자받을 수 있고, 또 수출용 원자재를 해외에서 수입하여 수출품을 제조할 수 있다.

(7) 완제품, 원자재구매 신청 및 외국원자재 수입

수출물품을 확보하는 방법은 수출업자의 자가 공장에서 수출물품을 직접 제조·생산하는 경우와 다른 회사에서 제조·생산한 수출물품(완제품)을 국내에서 구매하는 경우로 나눌 수 있다. 또한 수출물품을 제조·생산하기 위한 원자재의 확보는 국내에서 구입하는 경우와 외국에서 수입하는 경우가 있는데, 수출물품 또는 원자재를 국내에서 확보하는 방법은 내국신용장에 의한 방법과 구매확인서에 의한 방법이 있다.

(8) 국제규격인증 취득

EU에 수출하려는 경우 소비자 안전과 관련된 품목은 CE 마크를 부착해야 수출할 수 있다. 일본으로 수출하려는 경우 일반기기 및 전자기계, 자동차 등은 JIS 인증을 취득해야 수출할 수 있다. 따라서 한국표준협회에서 JIS 인증을 취득해야한다. 이 밖에 국제표준화기구(ISO)가 제정한 ISO시리즈가 있다.

(9) 운송계약

CIF 또는 CFR 조건의 수출인 경우 해상운송계약 및 해상운임은 수출업자의 부담이다. 운송계약에는 정기선(liner)에 의한 개품운송계약, 부정기선(tramper)에 의한 용선운송계약이 있고, 컨테이너(container) 선의 등장으로 육해공을 연결하여 운송하는 복합운송계약이 있다.

(10) 해상보험계약

CIF 조건의 수출인 경우 수출업자가 해상보험계약을 체결한다. 보험계약의 증거로 해상보험증권(insurance policy)을 받는다. 또한 수출업자는 비상위험(외환거래의 제한 또는 금지, 전쟁 등)이나 신용위험(상대방의 파산 또는 지급불능 등) 등, 통상의 해상보험으로 담보할 수 없는 여러 가지 위험에 수출보험을 부보한다.

(11) 수출통관신고

수출업자는 화물을 보세지역에 반입하기 전에 수출신고서를 세관에 제출하여 수출신고필증을 받아 선적을 한다. 수출통관신고는 관세사를 채용한 화주, 관세사, 관세사법인 또는 통관법인만이 할 수 있다. 따라서 관세사를 채용하지 않는 화주(수출업자)는 관세사 등에게 통관업무를 대행시킨다. 통상 통관 및 선적은 통관법인 또는 해운화물 취급업자에게 위임한다.

(12) 본선 선적 및 (13) 선하증권의 발행

수출통관을 마친 화물(관세법상 외국물품)은 보세지역에서 본선 선측까지 운송하여 본선에 선적한다. 화주가 선적지시서(shipping order: S/O)를 본선에 제시하면 선장의 차석인 일등항해사가 화물인도지시서(delivery order: D/O)와 화물을 대조하여 화물을 인수하고 화물인수의 증거로 본선수취증(mate's receipt: M/R)을 화주에게 교부한다. M/R과 상환으로 선박회사는 화주에게 선하증권(B/L)을 교부한다.

(14) 수출환어음매입의뢰(수출대금 회수)

수출업자가 수출품을 선적 완료한 다음, 선적서류인 선하증권(B/L)·해상보험증권(marine insurance policy)·상업송장(commercial invoice) 및 포장명세서(packing list)를 준비한다. 이 서류를 담보로 화환어음(documentary bill)을 발행하고 매입은행에 매도(negotiation)함으로써 수출대금을 회수한다.

(15) 관세환급

관세환급은 수출품 제조에 소요된 원재료의 수입시 납부한 관세 등을 수출 등에 제공한 때에 수출업자에게 관세를 환급해 주는 것을 뜻한다. 수출업자가 환급을 신청한다. 완제품 공급시는 화주, 수출 대행시는 수출위탁자가 환급을 신청한다.

(16) 어음 및 선적서류 발송

국내 외국환은행(매입은행; negotiating bank)은 선적서류를 첨부한 수출환어음을 매입하고 수출환어음 및 선적서류를 외국 개설은행에 발송한다.

(17) 수출환어음 및 선적서류 제시

개설은행이 수입업자(신용장발행의뢰인)에 수출환어음 및 선적서류를 제시한다.

(18) 어음결제 및 선적서류 수취

수입업자는 수출환어음을 결제하고 선적서류를 수취한다.

(19) B/L의 제시 및 D/O의 수취

수입업자는 선하증권(B/L)을 선박회사에 제시하고 화물인도지시서(Delivery Order: D/O)를 받는다.

(20) D/O 제시 및 화물인수

선장에게 화물인도지시서(D/O)를 제시하고 화물을 인수한다. 이상의 일반 수출절차를 도해하면 <그림 2-4>와 같다.

그림 2-4 일반수출절차

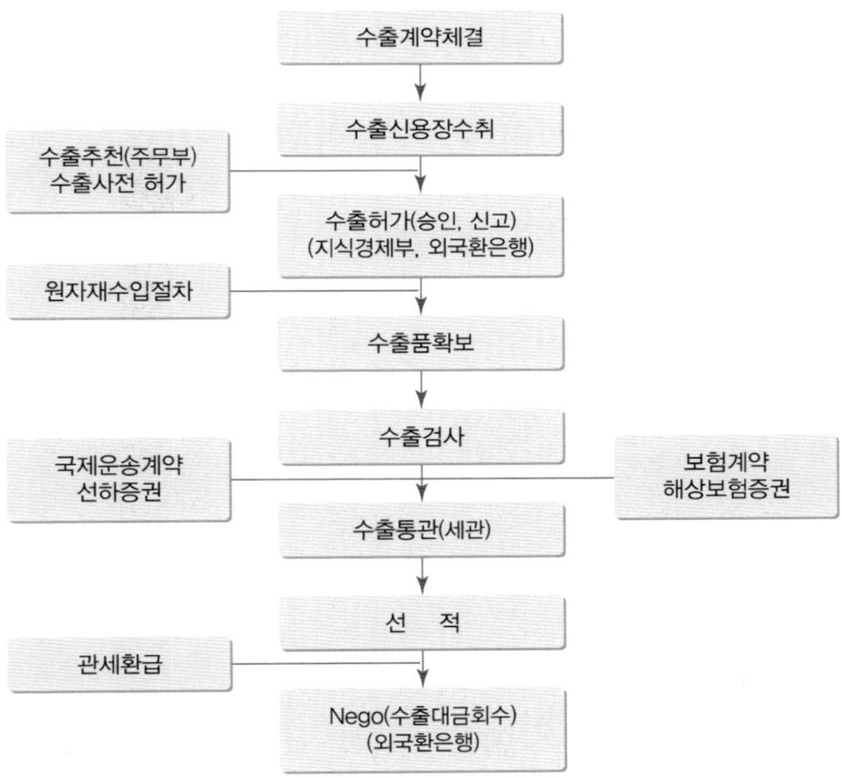

2. 수입거래의 절차

(1) 국내수요자와 매매계약체결

수입업자가 외국에서 물품을 수입·판매하는 경우에는 독점판매권을 가지고 수입·판매하는 경우, 독점판매권을 갖지 않고 수입·판매하는 경우, 제조업자가 수입하는 경우, 도매업자가 수입하는 경우, 소매업자가 수입하는 경우, 소비자가 수입하는 경우 등이 있다.

(2) 수입계약

수입업자는 해외시장 및 국내시장에 대해서 조사·분석하여 해외 공급시장 및 국내수요시장을 선정한다. 수입승인을 받기 위해서는 국내무역대리업자가 거래상대국의 물품공급자와 체결한 물품매도확약서(offer) 발행에 관한 합의서 또는 계약서에 따라 발행된 물품매도 확약서를 받거나 외국의 수출업자로부터의 국외발행 물품매도 확약서를 받아야 한다.

(3) 수입승인신청

대외무역법에 의거하여 수출입 승인 및 사후관리 수탁기관은 종전의 외국환은행에서 수출입 승인품목의 승인을 담당하도록 산업통상자원부장관이 지정한 관계행정기관, 단체(종전의 추천기관)로 변경되었다. 산업통상자원부장관이 지정하여 고시하는 관계행정기관 또는 단체의 장은 수출입공고, 수출입별도공고, 수출입통합공고에 산업통상자원부장관이 지정 고시한 기관, 단체(승인기관)의 장을 말한다.

(4) 수입신용장의 개설신청

수입업자는 물품매도확약서의 대금결제조건에 따라 외국환은행을 통하여 수입신용장을 개설하여야 한다. 수입신용장은 물품매도확약서(offer)와 동일한 내용으로 개설되어야 한다. 신용장금액은 물품매도확약서의 금액을 초과할 수 없고 표시통화는 물품매도 확약서에 기재된 통화와 같은 통화이어야 한다.

(5) 신용장 통지

국내 외국환은행(개설은행)은 외국 외국환은행(통지은행)을 통하여 신용장을 외국의 수출업자(수익자)에게 통지한다.

(6) 신용장 내도통지

외국 외국환은행(통지은행)은 수출업자(수익자)에게 신용장 내도를 통지한다.

(7) 운송계약

수입업자는 FOB조건의 경우 외국선박회사와 운송계약을 체결한다. CIF 및 CFR 조건의 경우 수출업자가 운송계약을 체결한다.

(8) 선하증권 발행

외국 선박회사는 수출업자로부터 선복신청서(Shipping Request)를 접수하고 화물을 선적한 다음에 선하증권을 발행한다.

(9) 어음, 선적서류 매도

수출업자는 선적서류를 첨부하여 화환어음(Documentary Bill)을 발행한 다음 외국 외국환은행(Negotiating Bank)에 매입(Negotiation)을 의뢰한다.

(10) 어음 및 선적서류 송부

외국 외국환은행(매입은행)은 국내 외국환은행(개설은행)에 화환어음과 선적서류를 송부한다.

(11) 어음 및 선적서류 제시

국내 외국환은행(개설은행)은 수입업자(신용장 개설의뢰인)에게 화환어음 및 선적서류를 제시한다.

(12) 어음결제

수입업자는 선적서류와 신용장조건이 일치하면 어음의 대금을 지급한다.

(13) 선하증권 제시 및 (14) 화물의 인수

수입업자는 B/L을 선박회사 대리점에 제시하고 화물인도지시서(Delivery Order: D/O)를 받고 D/O를 선박회사 창고직원에게 제시하고 화물을 인수한다.

(15) 수입신고

수입업자는 세관에 수입신고서를 제출하고 수입신고수리가 된 후, 보세구역으로부터 화물을 반출한다.

(16) 만약에 수입상품에 손상이 발견되었을 경우에는 그 책임에 따라 보험회사 또는 선박회사 등에 클레임(claim)을 제기한다.

(17) 화환어음의 만기일 이전에 수입대금을 결제한다.

이상의 일반수입절차를 도해하면 <그림 2-5>와 같다.

그림 2-5 일반수입절차

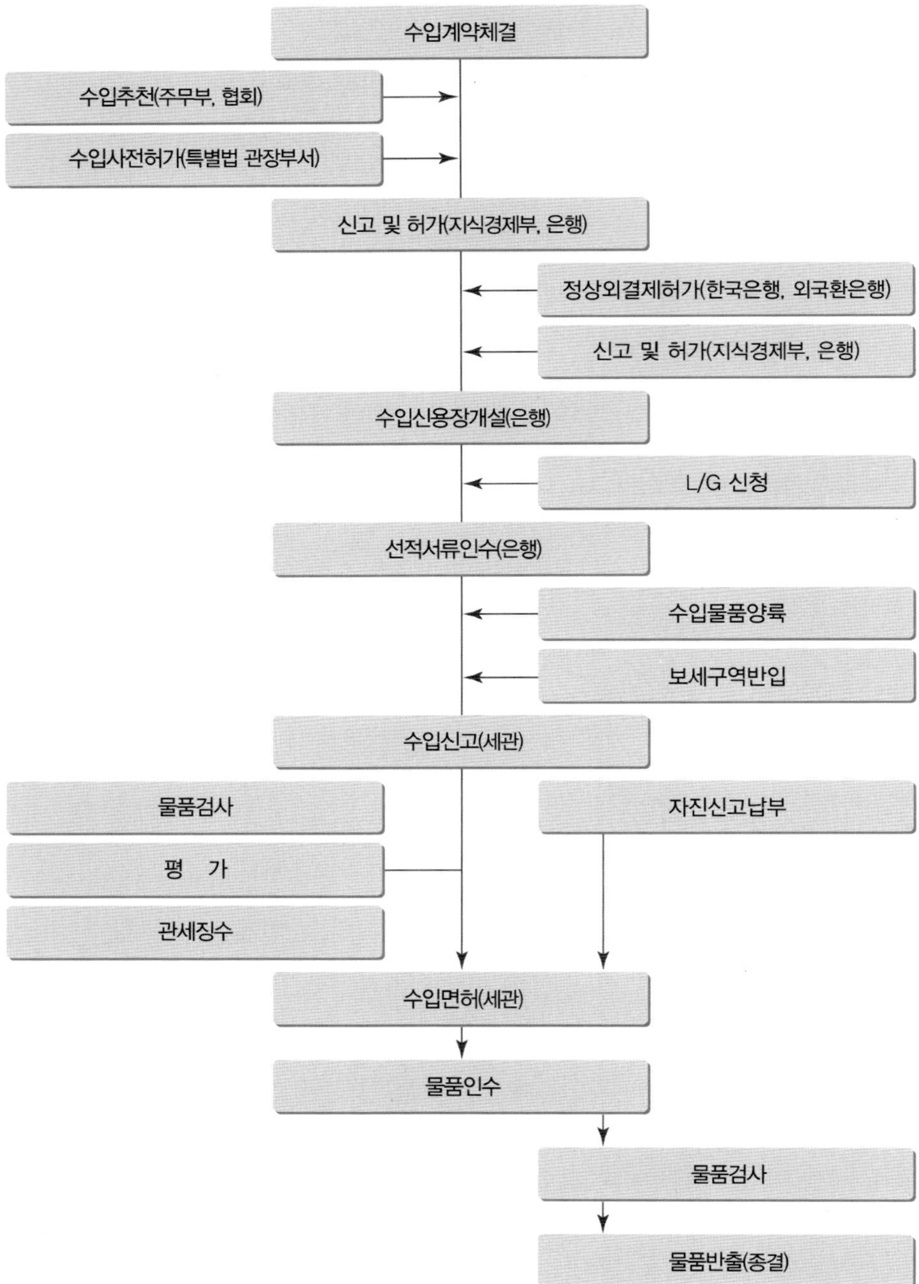

3. 수출입 주요 프로세스

(1) 수출입 주요 프로세스

그림 2-6 수출입 주요 프로세스

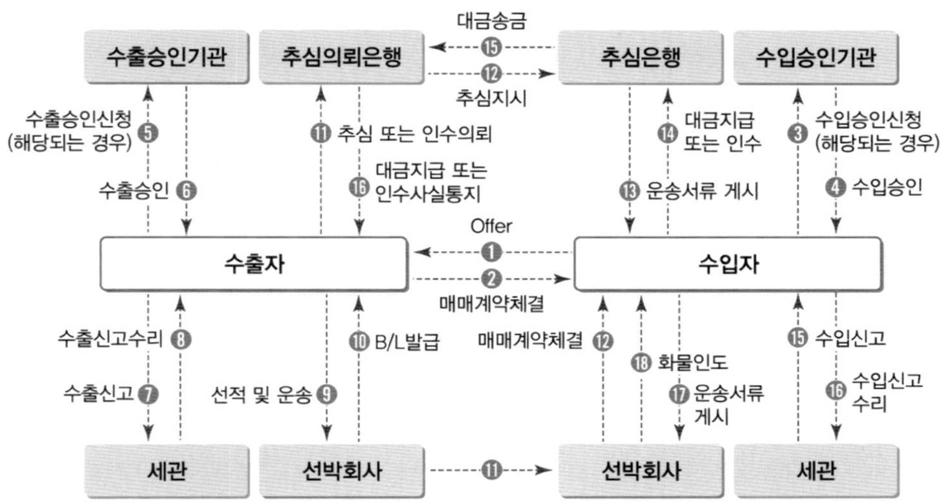

(2) 수출입 프로세스 개념도

그림 2-7 수출입 프로세스 개념도

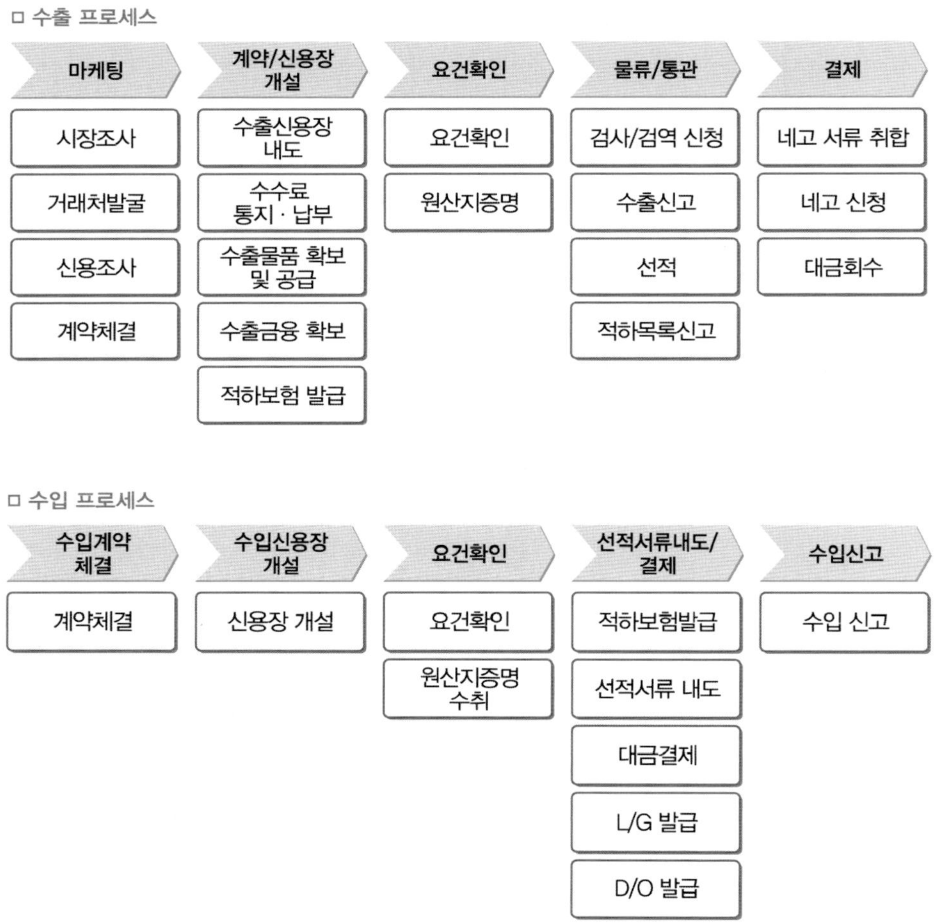

(3) 수출 프로세스

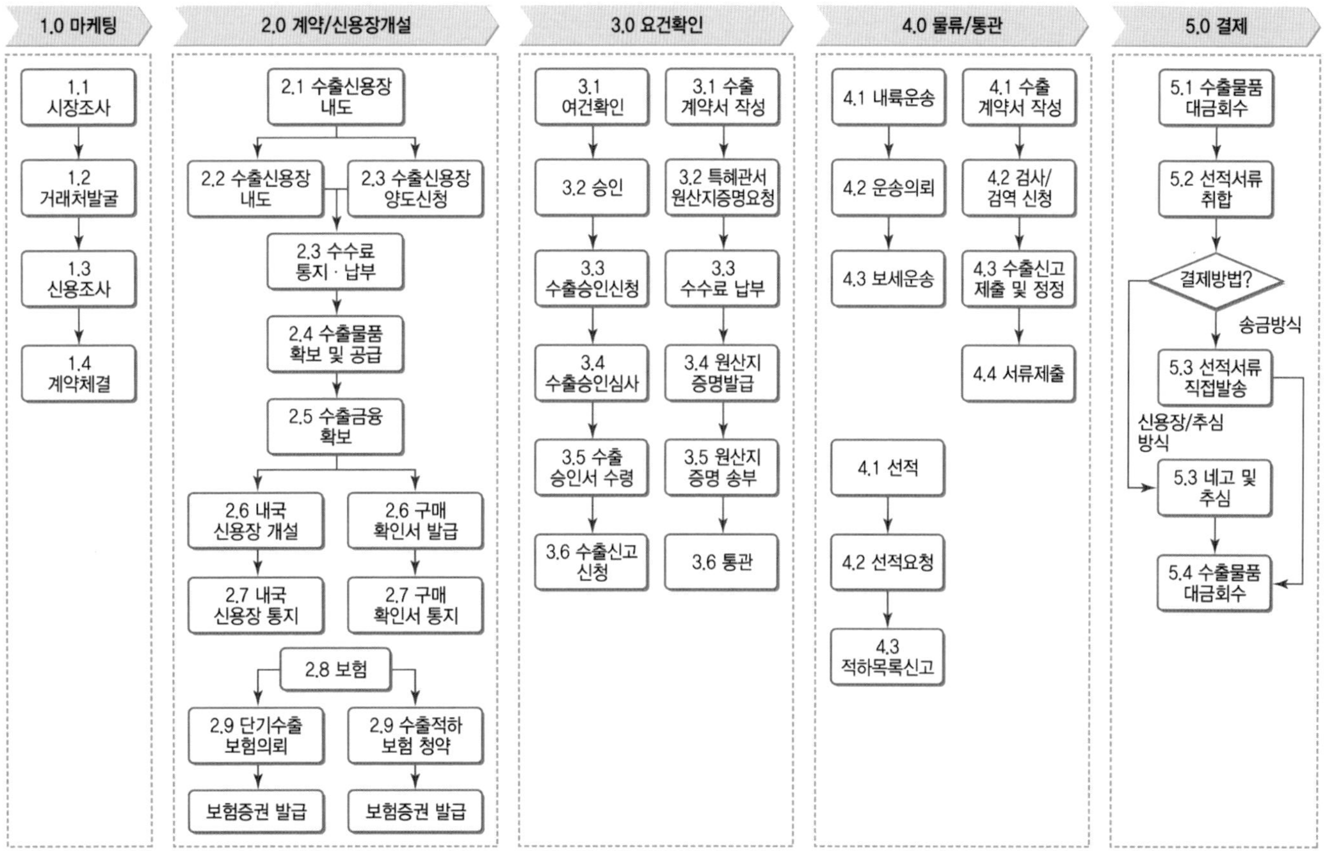

그림 2-8 수출 프로세스

(4) 수입 프로세스

그림 2-9 수입 프로세스

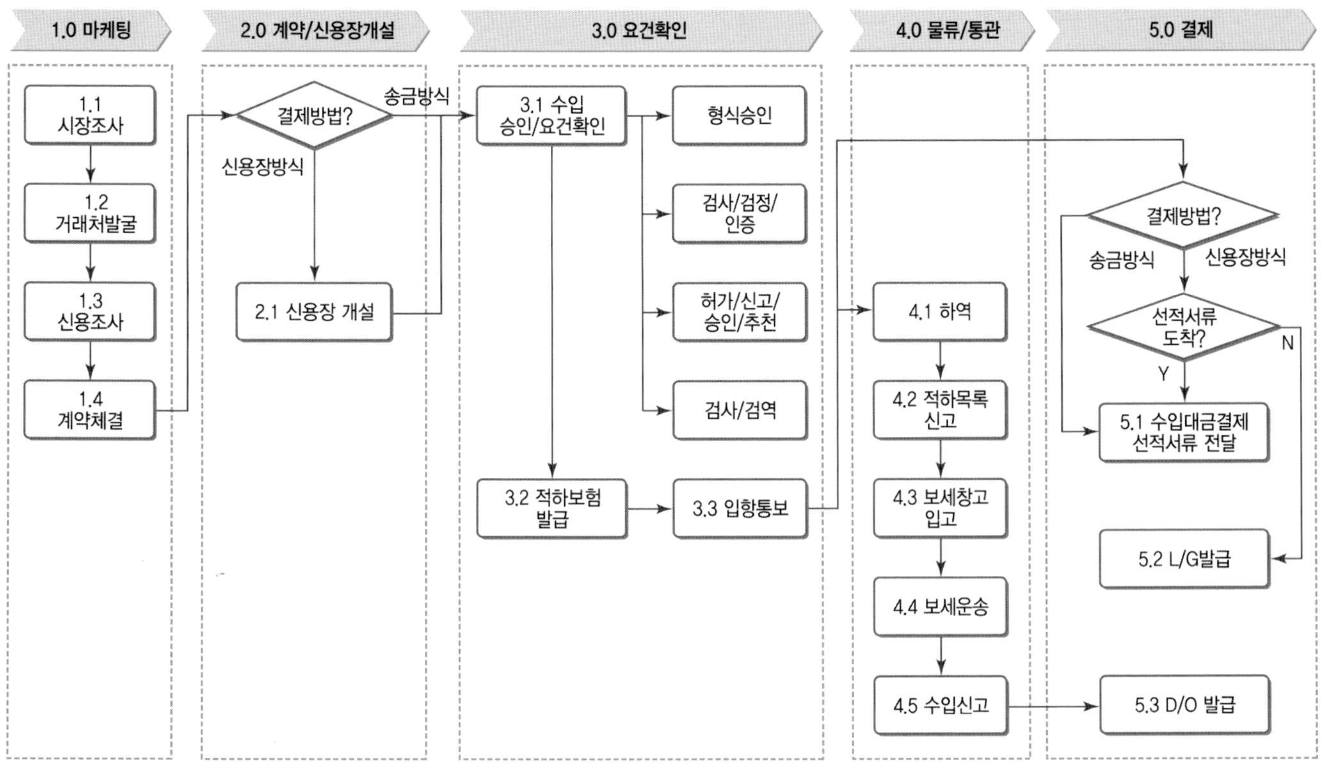

제3편

무역실무와 표준 무역서신, 이메일

제1장 신용조사와 거래관계의 설립

제1절 거래상대방의 선택

무역거래가 성립되어 실제로 무역계약이 체결되기 위해서는 먼저 해외시장조사를 통하여 거래관계의 창설이 이루어지고, 이어서 오퍼를 발행하여 구체적인 거래조건을 제시하여야 한다.

1. 거래관계의 창설

1) 목표시장의 탐구

무역상사가 신시장의 개척이나 업무의 확장을 목적으로 새로운 무역거래관계를 창설하려고 할 때, 먼저 고려해야 할 문제는 목표시장의 탐구·선정이다. 곧 과학적인 시장조사(marketing research)에 기초를 둔 목표시장의 탐색·선정이야말로 무역거래에 있어서 가장 먼저 해야 할 일이라 할 수 있으며, 해외의 목표시장을 물색한 다음, 그 시장의 상관습 및 동종 상품의 상정(商情)을 조사·분석해야 한다.

해외시장탐구의 실제수단으로서는 ① 외교통상부, 지식경제부, 재외영사관 등과 같은 무역관계관청과 ② 대한무역투자진흥공사의 해외무역관, 무역협회, 상공회의소 등 무역거래알선기관 및 ③ 전기 제기관이 실지조사를 통하여 수집·구비하고 있는 자료 또는 간행물들을 이용하는 것이 상례이다.

2) 새로운 거래처의 선정방법

해외바이어 발굴방법에는 전자무역 방법과 오프라인 방법이 있으며 전자무역 방법은 인터넷을 활용한 바이어 발굴을 뜻 하고 수많은 해외시장 및 해외바이어 정보를 빠르고 저렴하게 활용할 수 있는 장점이 있다. 오프라인 방법은 모든 기존의 전통적인 해외바이어 발굴방법을 말하고 무역거래알선기관 활용, 전시회 및 수출상담회 참가, 해외 세일즈 출장, 해외 광고, 디렉토리, 해외대리점 설치, 외국대사관 상무관 이용 등 여러 가지 방법이 있다.

3) 거래관계의 권유

수출업자는 해외시장조사 결과 목표시장이 결정되면 그 목표시장에서 수출마케팅을 전개하여 믿을 수 있는 거래처를 선정한다. 이와 같이 선정된 거래처에게 거래제의 서한(Circular Letter)을 보낸다.

거래제의 서한에서는 첫머리에 상대방을 추천(소개)한 기관 또는 상대방을 알게 된 경위 등을 기재한다.

거래제의 서한은 거래처 또는 일반상사 등 다수의 상대방에게 동문으로 내는 안내장이며, 이는 미지의 외국인에게 자기를 소개하는 첫 번째 서신이므로 이를 받는 상대방으로 하여금 좋은 인상과 호감을 갖도록 매력적인 것이어야 한다.

물론 해외수입업자로부터 가격 및 기타 조건의 조회(trade inquiry)를 받을 때도 단순한 회답만으로는 불충분하며, 반드시 거래의 권유를 해야 하고, 이 권유장의 발송에는 카탈로그, 가격표 등도 동봉해야 한다.

4) 신용조사

아무리 유망한 목표시장이 발견된다하더라도 현실적으로 거래에 임하는 상대방의 신용상태 여하에 의하여 매매거래의 신장이 크게 좌우됨은 물론이다. 따라서 전술한 거래처의 물색방법에 의거하여 선정된 거래처 후보들이라 할지라도 정밀한 신용조사(credit inquiry)로 옥석(玉石)을 구분할 필요가 있다. 또한 거래제의를 받았을 때에도 신용조사를 한 다음에 이를 수락해야 한다.

이 경우, 특히 조사해 두어야 할 사항은 일반적으로 3C라고 호칭되는 다음 세 가지 점들이다.

(1) Character(社風)

거래업계에서의 평판, 계약이행에 대한 일반적 자세, 거래규칙 준수 등의 경영자의 인격, 경영이념, 신뢰성, 성실성 등을 뜻한다. 이 항목은 상대방의 사업 형태를

파악할 수 있는 가장 중요한 항목이다.

(2) Capital(재무상태)

회사의 재무비율, 경영지표, 운용자금 등 재산상태를 뜻한다. 납입자본 및 수권자본뿐만 아니라 유동자산과 고정자산의 비율, 자기 자본과 타인자본의 비율(B/S 비율), 재무제표(손익계산서 및 대차대조표), 은행예금액 등 상대방의 지급능력과 관련된 항목들을 조사한다.

(3) Capacity(경영능력)

상대방의 거래능력, 신제품 개발능력, 기술력, 판매력, 마케팅력 등을 뜻한다. 영업종목, 거래량, 판매망, 수출액, 회사의 형태, 회사의 설립연도, 영업권 보유현황, 경영진의 수완, 주요거래처 등 상대방의 경영능력과 관련되는 사항을 조사한다.

한편 상대방 회사의 신용조사를 하는 방법으로서 전자무역 신용조사 방법과 오프라인 신용조사 방법이 있다.

우선 전자무역 신용조사 방법은 수출보험공사(www.keic.or.kr), 중소기업진흥공단·인터넷 중소기업관(www.sme.or.kr), Dun & Bradstreet 한국지사(http://koreadnb.com.hk/default,htm) 등의 사이트를 방문하여 거래처에 대한 많은 정보를 제공 받을 수 있다.

오프라인 신용조사 방법은 아래와 같다.

(1) 상업흥신소(Commercial or Mercantile Agency)의 이용

상업흥신소는 널리 세계 각지의 상사에 대한 신용조사를 담당하여 고객의 요구에 따라 거래상 유익한 서비스(service)를 제공하고 있다.

(2) 외환은행(Exchange Bank)의 이용

모든 외환은행은 주로 해외지점, 출장소 혹은 거래은행으로부터 얻은 자료에 의하여 각국 무역상사별 신용조사철(credit file)을 작성하여 비치하고 있다. 거래상사로부터 의뢰가 있으면 언제든지 무료로 그 자료를 제공해 주며, 만일 자료가 비치되어 있지 않을 때에는 해외지점 또는 거래은행에 조회하여 회답해 준다.

(3) 동업자의 이용(Trade Reference)

새로 거래를 개시하려고 하는 해외의 수입업자는 자발적으로 또는 수출업자로부터의 요청에 따라 자기의 신용조회처(credit reference)를 제시하는 일이 많다. 이 신용조회처로서 제시되는 것이 은행일 때에는 은행조회처(bank reference)라고 하며, 동업자일 때에는 동업자조회처(trade reference)라고 한다.

(4) 신용보증기금, 한국수출보험공사, KOTRA

신용보증기금은 Dun & Bradstreet Inc.를 비롯한 31개국 71사의 해외신용조사 전문기관과 제휴하고 있다. 한국수출보험공사의 수출신용정보센터는 신용정보 자료를 수집하고 있고 KOTRA도 해외무역관을 통하여 해외 업체의 신용상태를 조사하고 있다.

2. 일반거래조건의 협정

상대방 상사에 대한 신용조사의 결과 상대방에 신뢰성이 있으면 비로소 실제 거래가 이루어질 단계에 들어간다. 그러나 그에 앞서서 후일의 물의를 피함과 동시에 거래를 간단하고 신속하게 하기 위하여 앞으로의 거래기준으로 삼게 될 거래에 관한 일반적 조건(general terms and conditions)을 명백히 협정하고 이에 관한 협정서(agreement) 또는 각서(memorandum)를 상호간에 확인하여 교환해 두는 것이 원칙이며 상례이다.

이런 종류의 문서에는 “Memorandum of Agreement”라는 제목을 사용하지 않고 “Terms and Conditions between......”이나 “Contract for” 등의 문구를 서두(書頭)의 제목으로 사용하는 것도 있는데, 그 내용은 어느 것이나 매매 양당사자가 앞으로의 거래에 있어서 기준이 되는 조건을 결정하는 기본계약서이다. 따라서 거래를 실현하는 데 있어서 매수인측이 발송하는 주문서(order sheet)와 매도인측이 작성하는 계약서(contract sheet)는 모두 이것을 기본으로 하여 작성되며, 그 밖의 거래에 수반되어 발생되는 여러 가지 문제도 이 협정서에 의하여 해결된다.

한편 일반거래조건 협정서를 구성하는 주요 내용은 다음과 같다.

1) 거래형태에 관한 조건
2) 거래상품에 관한 기본조건
3) 매매계약에 관한 조건
4) 분쟁해결에 관한 조건

거래형태에 관한 조건이란 거래가 본인거래(principals)인가 대리거래(agents)인가를 명시하는 것을 말하고, 거래상품에 관한 기본조건은 상품 자체의 품질(quality), 수량(quantity), 가격(price), 선적(shipment), 보험(insurance), 결제(payment) 등의 제조건을 포괄한다.

이들 제 조건은 어느 것이나 계약구성상 빼놓을 수 없는 것이며, 이들 조건의 불완전 및 이해의 불철저는 반드시 클레임(claim)을 발생시켜 그 회사에 막대한 손실을 가져오는 원인이 된다.

Model Letter 1-A. Inquiry for a New Customer

Gentlemen :

We have learned from the New York Chamber of Commerce that you are one of the reliable importers of Korean Hand Woven Fabrics. We are, therefore, writing you with a keen desire to enter into business relations with you.

For your information, we are pleased to say that for the past ten years we have been engaged in exporting many kinds of hand woven materials all over the world enjoying a good reputation. Our goods range from rare pieces of handiwork prized for their artistic value to materials for practical use attractive for their refined simplicity and reasonable prices.

Because of our excellent organization for conducting export business and close connection with the best sources of supply, we may state that should you favorably consider our proposal and favor us with inquiries for your specific requirements we are in a position to supply you with A 1 goods at competitive prices.

We are sending you separately a copy of our complete catalog in which we trust you will find some that would suit your trade.

In regard to the terms of business, we make it our custom to trade on an Irrevocable Letter of Credit, under which we draw a draft at sight. If you would care to deal with us on this basis, we shall be pleased to give you further details of business.

For any information concerning our standing and reputation, please refer to Korea Exchange Bank, Seoul.

We look forward to your early and favorable reply.

Very truly yours,

Gloss

the reliable importers 믿을 만한 수입업자
the New York Chamber of Commerce 뉴욕상업회의소, the Seoul Chamber of Commerce and Industry 서울상공회의소
Hand Woven Fabrics 수직물, Fabrics 직물류
with a keen desire ~을 희망하여
enter into business relations with ~와 거래관계를 체결하다
for your information 참고로 **refer** 조회하다

Model Letter 1-B. Reply to the foregoing

Gentlemen :

Thank you very much for your letter of March 7 expressing your willingness to enter into business relations with us. We understood from your letter that you are specially interested in shipping hand woven fabrics and in these we may say that we are specialists. Despite the fact that dullness rules the market at present, we are able to do a fairly good business with you if you are in a competitive position.

But before we accept your proposal we must go through the routine of taking up the reference mentioned. We shall, therefore, have the pleasure of communicating with you further as soon as we hear from the Bankers suggested.

We thank you for your courtesy in making the proposal and hope we may soon be able to work with you to our mutual benefit.

Very truly yours,

Gloss

to ship 선적하다. 수출하다(export)
go through the routine 관례적인 일을 행하다
to take up 처리하다
reference mentioned 지명된 신용조회처
to our mutual benefit 상호 이익을 위하여

Model Letter 2-A. Credit Inquiry to a Bank Reference

Gentlemen :

Pursuant to a purchase offer received from The American importing Co., Inc., we wish to inquire about their credit worthiness, since we intend to enter into business connections with them.

Also, would you please provide us with all up to date information relating to their financial status and reputation?

We are particularly interested to know in what line they are mainly engaged and if possible, your candid opinion on their financial responsibility, their mode of doing business and their general reputation they enjoy in New York.

We promise that all information relating to their financial status shall be treated in strict confidence.

Thank you. Your cooperation is much appreciated.

Very truly yours,

Gloss

pursuant to ~에 따라서
credit worthiness 신용상태
intend to ~하려고 하다. 작정하다
up to date 최신의
strict confident 극비

Model Letter 2-B. Reply to the Credit Inquiry

Gentlemen :

We are pleased to reply to your letter of March 10 relating to the financial background of The American importing Co., Inc.

The company in question was established 1990 and they have gone far in the business of exporting and importing. From the birth of the company to date, they have maintained accounts not only in our bank but also with The Bank of Credit and Commerce in New York.

You would not run the least risk in opening a connection with the firm and would be satisfied with their mode of doing business.

For this information, we do not like to accept any responsibility, but shall be pleased to be of any further services to you if you require more details.

The enclosed note shows the charges which we have paid on your behalf, for which we ask you to settle soon.

Very truly yours,

Gloss

financial background 재무상의 배경
in question 논의 중인
account 계정, 구좌
run risk 위험을 무릅쓰다
be of any further services to 더욱 도움이 되다
charge 비용, 책임, 의무
enclosed note 동봉한 계산서
on your behalf 귀사를 대신하여
settle 해결하다, 청산하다

Model Letter 3-A. Credit Inquiry to a Trade Reference

Dear Sirs,

We have had a business proposal from The Hong Kong exporting Co., Inc. in Hong Kong, who referred us to you for information about their business standing.

Should their business standing turn out unquestionable, we are prepare to accept their proposal. It is our wish to enter into business connections with the aforementioned company. We therefore request that you give us any accurate information you have about that company in regard to productivity, efficiency, credibility and so on.

Any information you could supply, of course, will be treated as strictly confidential as usual and we shall be willing to pay for any expenses incurred in connection with this inquiry.

We are looking forward to receiving your favorable reply.

Yours faithfully,

Gloss

unquestionable 확실한, 의심할 나위가 없는
aforementioned 전기의, 전술의
accurate 정확한
productivity 생산성
efficiency 능률, 능력
credibility 신뢰성

Model Letter 3-B. Reply to the Credit Inquiry

Dear Sirs,

In reply to your letter under the date of March 20, we are pleased to give you the following information.

The Hong Kong Exporting Co., Inc. is a company of high standing. The success of their products and branches throughout the world speaks for itself.

We hope this information will be of service to you. But we do not like to accept responsibility for it.

We enclose a note showing the charges which we have paid for the necessary inquiries.

Yours faithfully,

Gloss

products 제품, 상품
branch 지점
throughout 걸쳐서
offer 제공하다
note 계산서

Model Letter 4. Proposal Accepted

Gentlemen :

We have received the report from the Bank of New York on your financial standing and the reputation you enjoy in your market, the contents of which are quite satisfactory to us. Therefore, we would like to enter into business connections with you.

Since 1983, we have been exporting many kinds of home appliances all over the world, and we enjoy a good reputation. Since all of our products are made using the latest manufacturing systems and the quality of our goods is maintained at a high level through strict quality control, we can assure you that no other products can compete with ours in either quality or performance.

In order to begin the initial business with you, we enclose a full range of our samples together with a price list quoted on the basis of C.I.F. New York. As to the terms and conditions of business, we enclose our memorandum regarding which we would welcome any suggestions you may have.

We thank you for your business proposal and await your response.

Very truly yours,

Gloss

financial standing 재무상태
home appliance 가정용품
the latest manufacturing system 최신의 제조시스템
strict quality control 엄격한 품질관리
compete 맞서다. 경쟁하다.
performance 성능
quote 견적 내다. 계산하다.
initial business 최초거래
C.I.F. New York 뉴욕항까지의 운임, 보험료 포함 가격
memorandum 거래 일반조건
as to ~에 관하여

Model Letter 5. Proposal Declined

Dear Sirs,

Thank you very much for your letter of 4th April of offering us your services as agents for the purchase of various Singaporean products.

You are exactly the lines we have been importing, but we have at present some regular sources of supply in Singapore. Moreover, the market here is so dull that there is little demand of the goods you handle.

We shall, however, keep your name and address in our files so that we may call for your help when we expand our expand our activities at a favourable turn of the market. In the meantime, please inform us occasionally of the prices of Essential Oils, Spices, Copra and Tapioca.

We thanks you for your kind proposal and believe that it will not be long before we can accept it.

Yours faithfully,

Gloss

agents for the purchase of 매입 대리점
the market is dull 시장부진
at a favourable turn of the market 시장 호전 시

Useful Expressions

1. Your name and address has been recommended to us by the New York Chamber of Commerce.

2. So far we have been unable to find good connections in your country and are looking for a reliable company with whom we can do business in the following Chemicals.

3. Considering the rapid expansion of your market, we are looking for some reliable firms who wish to open an account with us.

4. Because of our close connections with the best sources of supply, we can supply you with high quality goods at resonable prices.

5. A fairly large demand is expected for these items because of the coming summer season.

6. As to our financial status, please refer to the Bank of Korea Exchange Bank, Seoul.

7. Productivity, efficiency and credibility are the hallmark of this firm.

8. Please let us know frankly and without responsibility on your part whether you consider it safe to trust them with a business up to, say $7,000,000.

9. As the firm in question has recently suffered heavy losses, it would be advisable for you to take every precaution in dealing with them.

10. All information will be held in strict confidence and will be used solely for our reference.

Put into English

1. 홍콩의 상업회의소(Chamber of Commerce)를 통하여 귀사가 귀지에서 가장 선도적인 회사 중의 하나라는 사실과 특히 다양한 수직물(hand woven fabrics)의 수입에 관심을 가지고 있다는 것을 알게 되었습니다.

2. 당사는 당지에서 신뢰할 수 있는 도매업자(wholesalers)와 밀접한 관계를 가지고 있기 때문에 귀사와는 상당한 수입거래를 할 수 있습니다.

3. 동봉한 카탈로그에 있는 당사의 소개에서 언급된 바와 같이 당사는 기반이 튼튼한 면직물수출상(exporters of cotton goods)으로서 귀 시장에 면직물을 상당히 수출해 왔습니다.

4. 동사의 취급품목은 여러 종류이며 판매업자와 밀접한 관계가 있습니다.

5. 시장은 대단히 활기차기 때문에 귀사 제품에 상당량의 수요가 예상됩니다.

6. 당사의 신용상태에 대해서는 한국외환은행의 뉴욕지점에 문의해 주시기 바랍니다.

7. 당사는 그 곳에 있는 NIKE 상사와 곧 중요한 거래를 성립할 단계에 있으므로 동사의 재정상태(financial status)와 영업규모(business scale) 및 그 곳에서의 평판(reputation)을 상세히 알려주시면 감사하겠습니다.

8. 그 회사는 아직까지 어음(drafts)이나 수표(check)의 결제일을 한 번도 어겨 본 일이 없는 성실한 회사로 알려져 있습니다.

9. 본 정보는 어디까지나 당사의 개인적인 견해로서 당사는 일절 책임을 부담하지 않습니다.

10. 뉴욕항 도착 운임, 보험료포함 가격(C.I.F. New York)으로 견적이 된 가격표(price list)를 동봉합니다.

제2장 매매계약

제1절 무역계약의 체결

1. 무역계약의 체결

1) 조회(Inquiry) 및 회답

무역매매계약 성립의 첫 번째 단계로서 통상 매수인이 매도인에 대하여 자기가 수입하고자 하는 상품에 대한 거래조건을 문의하거나 카탈로그나 가격표의 발송을 요구하는 조회로부터 시작된다.

수출업자는 해외바이어로부터 조회를 받으면 될 수 있는 대로 빨리 조회에 대한 회답을 보내야 한다. 해외바이어는 신속하고 유리한 회답을 보내오는 수출업자와 거래하기를 원한다.

2) 오퍼의 발행

조회단계에서 상대방의 의중을 살핀 다음에는 일정한 조건으로 계약을 체결하고 싶다는 의사표시를 하게 되는데 이를 오퍼라고 한다. 즉, 오퍼는 청약자가 피청약자에게 일정한 조건으로 계약을 체결하고 싶다는 의사표시이다. 우리나라의 대외무역법에서는 이 오퍼를 물품매도확약으로 표현하고 있다.

오퍼는 크게 나누어서 판매오퍼(selling offer)와 구매오퍼(buying offer)로 구별할 수 있으며, 수출업자가 판매조건을 제시하는 경우가 판매오퍼이고, 수입업자가 먼저 구매조건을 제시하여 수입의사를 표시하는 경우가 구매오퍼이다. 무역거래에서 오퍼라고 하면 대개 판매오퍼를 말하며 그 성질상 조회와 비슷한 구매오퍼는 주문생산에 의한 특수기계의 수입이나 관공서의 입찰 시에 많이 이용되고 있다.

3) 오퍼의 종류

(1) 확정오퍼(firm offer)와 불확정오퍼(free offer)

수출업자가 외국의 매수인에 대하여 오퍼를 제기하는 경우에, 매수인의 승낙회답기간을 지정하고 그 지정기간 내에 회답할 것을 조건으로 하는 오퍼를 확정오퍼라고 한다. 승낙회답기간 곧 유효기간을 정한 오퍼는 그 기간 내에는 청약자를 구속하며 원칙적으로 이를 철회할 수 없다.

불확정오퍼란 회답기간이 정해져 있지 않은 오퍼로서 매도인이 수시로 가격을 변경 또는 취소할 수 있는 오퍼이다.

(2) 재고잔유조건오퍼 또는 선착순판매조건오퍼
(offer subject to being unsold or offer subject to prior sale)

이는 상품, 수량, 가격 및 선적시기 등을 명시하고 다수의 거래처에 신청하여 그 상품의 매진과 동시에 그 효력이 소멸되는 오퍼를 말한다. 즉 가장 빨리 승낙통지를 내는 자에게 매도할 것을 조건으로 하는 오퍼로서, 흔히 조건부오퍼(conditional offer)라고도 한다.

(3) 반대 오퍼(counter offer)

매도인의 확정오퍼에 대하여 매수인이 그 제시가격에 불만이 있다든지 또는 수량, 선적시기, 기타 조건에 대하여 이의가 있을 때는 매수인은 이에 대하여 별개의 요구를 제기할 수 있는데, 이 요구를 반대오퍼라고 한다. 보통은 상담이 성립될 때까지에는 수차에 걸쳐서 반대오퍼가 교환·반복되는 것이 통례이다.

4) 오퍼의 승낙(Acceptance)

승낙이란 매매당사자 중 어느 한편이 표시한 의사를 상대방이 수락한다는 것이다. 즉, 오퍼를 승낙했다는 것은 매매당사자간의 계약 성립에 합의(合意)를 본 것이 되며, 이 승낙은 오퍼의 내용과 완전히 일치됨을 요한다. 그러나 양자 간에 합의된 내용대로 모든 것이 이행되기 위해서는 정식으로 무역계약이 체결되어야 한다.

5) 주문(Order)

주문서(Order Sheet)란 매수인이 자기가 구입하고자 하는 상품의 품명, 단가, 단위, 합계수량, 결제통화, 합계금액, 선적시기, 지급조건, 보험조건, 포장명세, 하인(荷印), 경우에 따라서는 카탈로그 번호, 견본번호, 기타 거래에 필요한 제 조건으로 주문하고 싶다는 취지를 기재하고 서명을 한 상용(商用) 문서로서, 매수인이 매도인에 대해서 매입을 신청하는 것이다.

6) 주문의 승낙(Acknowledgement of Order)

주문승낙서란 매도인이 당해 상품의 품명, 품종, 단가, 단위, 합계수량, 결제통화, 합계금액, 선적시기, 지급조건, 보험조건, 포장명세, 하인, 경우에 따라 카탈로그 번호, 견본 번호, 기타 거래에 필요한 제 조건이 기재된 매수인의 주문서를 승낙한다는 취지를 기재하고 서명한 상용문서로서 매수인에게 보낸다. 통상의 경우에는 매수인으로부터의 주문서에 대해 매도인이 주문승낙서를 발송함으로써 매매계약은 성립되고, 이 경우 그 주문승낙서는 매매계약을 입증하는 서류가 된다.

2. 무역계약서의 작성

무역거래가 오랜 시일과 복잡한 절차를 필요로 하는 원격지간 거래라는 속성에 비추어 합의된 계약조건에 대한 오해를 피하고 후일의 분쟁 발생에 대비, 증거를 확보하기 위해서는 계약서의 작성이라는 서면행위를 행하는 것이 바람직하다. 즉, 계약이 성립될 경우 당사자는 즉시 다음과 같은 방법으로 계약내용을 확인해야 한다.

1) 판매서(sales note)

이는 매도인이 작성하여 매수인에게 보내는 물품의 판매확인서이다. 매도인이 최종적으로 수락된 오퍼의 내용과 동일하게 판매서를 정·부(正·副) 2통을 작성하여 서명한 후 매수인에게 송부하면, 매수인은 그 내용에 이의가 없을 경우 정식 서명하여 한 통은 보관하고 한 통은 매도인에게 반송하게 되는데 이것이 곧 정식 계약서가 된다.

2) 구매서(purchase note)

이는 매수인이 일정한 조건으로 물품을 구매하겠다는 구매주문서이다. 매수인이 자사 양식에 일방적으로 기재·서명하여 2통을 매도인에게 송부하면, 매도인은 이의가 없을 경우 자기 측 서명난에 서명하여 한 통은 보관하고 한 통은 매수인에게 반송하게 되는데 이것이 곧 매매계약서가 된다.

3) 각서(memorandum)

매매당사자들이 한 자리에 모여서 오퍼를 중심으로 모든 매매조건을 상의한 후 계약서를 작성·서명·날인하는 경우인데, 이러한 형식의 계약서를 각서라고 한다.

이 밖에 매도인이 판매서를 작성·서명하여 매수인에게 송부하면 매수인은 구매서를 작성·서명한 후 매도인에게 송부하는 경우가 있다. 또한 매수인이 주문서(order sheet)를 작성·서명하여 매도인에게 송부하면, 이것에 대하여 매도인은 주문확인서(confirmation of order)를 작성·서명한 후 매수인에게 송부하는 경우도 있다.

3. 무역계약의 종류

국제상거래에서 이용되고 있는 무역계약의 종류는 ① 개별계약(case by case contract)으로서 이는 특정 품목의 거래가 성립될 때마다 매매당사자가 거래조건에 합의하여 계약서를 작성하는 경우이다. ② 포괄계약(master contract)으로 매매당사자간에 서로 오랜 기간 동안 거래를 하여 잘 알고 있는 경우 지정품목에 대해서 일정기간 또는 연간계약을 체결하고 필요할 때마다 선적해주는 경우에 사용되는 계약형태이다. ③ 독점계약(exclusive contract)으로 이는 특정 품목의 수출입에 있어 수출업자는 수입국의 지정수입업자 외에는 동일품목을 오퍼하지 않으며, 수입업자는 수출국의 다른 업자들로부터 동일품목을 수입하지 않는다는 조건의 독점판매계약이다.

제2절 무역계약의 기본조건

일반적으로 무역계약의 내용을 구성하는 기본조건은 (1) 품질조건(terms of quality), (2) 수량조건(terms of quantity), (3) 가격조건(terms of price), (4) 선적조건(terms of shipment), (5) 보험조건(terms of insurance), (6) 결제조건(terms of payment) 등이다.[1)]

1. 품질조건

품질에 관한 조건은 무역거래에 있어서 가장 중요한 계약조건의 하나로서 품질조건의 상위로 인하여 분쟁이 야기되는 경우가 가장 많다. 따라서 후일의 분쟁을 사전에 방지하기 위해서는 ① 품질결정의 방법, ② 품질의 결정시기, ③ 품질의 증명방법 등을 명확히 해 두어야 한다.

2. 수량조건

무역상품의 수량에는 중량(weight), 용적(measurement), 개수(piece, dozen, gross), 개장단위(case, bag, bale), 길이(length) 등이 있는데, 무역상품의 수량에 있어서 가장 문제되는 것은 중량이다.

3. 가격조건

무역거래에 있어서의 가격은 계약상품의 인도장소와 가격에 포함되는 제비용의 종류에 따라 여러 가지로 구분되고 있는데, 무역계약시에는 이러한 거래가격의 조건도 명백히 하여야 한다.

오늘날 무역거래에 관용되는 가격표시는 여러 가지 관점에서 이를 분류할 수 있으나, Incoterms 2020에는 [표 3-1]에서처럼 11가지 거래조건이 규정되어 있다. 이

1) 浜谷源藏, 「最新貿易實務」, 同文館, 1986, pp.31-35.

들 조건은 운송수단에 상관없이 모든 운송에 사용가능한 거래조건과 해상 혹은 내수로 운송에서만 사용할 수 있는 거래조건으로 분류되어 있다.

표 3-1 Incoterms 2020

구분	거래조건	전신약호
모든 운송에 사용하는 거래조건	작업장인도(Ex Works)	EXW
	운송인인도(Free Carrier)	FCA
	운송비지불인도(Carriage Paid To)	CPT
	운송비·보험료지불인도(Carriage and Insurance Paid to)	CIP
	목적지인도(Delivered At Place)	DAP
	도착지양하인도(Delivered at Place Unloaded)	DPU
	관세지급인도(Delivered Duty Paid)	DDP
해상운송, 내수로 운송에 사용하는 거래조건	선측인도(Free Alongside Ship)	FAS
	본선인도(Free On Board)	FOB
	운임포함인도(Cost and Freight)	CFR
	운임·보험료포함인도(Cost, Insurance and Freight)	CIF

4. 선적조건

무역계약을 수행하기 위하여 수출업자는 계약에 정해진 시기에 계약상품을 수입업자에게 인도하지 않으면 안 된다. 그러나 외국무역에 있어서는 주로 부정확한 선박운송에 의존하므로 목적상품이 실제로 수입업자의 손에 도착하는 시기를 약속하는 것은 극히 위험스럽다. 따라서 오늘날 무역거래에서는 계약의 조건으로서 화물이 수입지에서 실제로 수입업자에게 인도되는 시기를 정하지 않고 이에 대신해서 선적시기(time of shipment)를 약정하는 것이 업계의 관례로 되어 왔다.

5. 보험조건

무역상품을 해외에 발송하는 데 있어서는 반드시 해상보험에 부보하여 그 상품이 운송 도중에 폭풍우, 본선의 충돌 등 자연적 사고에 기인하여 손해를 입었을 때 그 손해를 보험회사로부터 보상을 받는 조치를 강구해야 한다. 이 보험은 매도인과 매수인 중 누가 부보해야 할 것인가는 매매계약 체결시에 결정한다. FOB 가격조건의 경우는 매수인이 부보하고, CIF 가격조건의 경우에는 매도인이 부보한다.

적하보험에서는 협회적하약관의 규정에 따라 다음의 세 가지 기본조건이 있다.

① Institute Cargo Clause (A) : 전위험담보조건(all risks: A/R)
② Institute Cargo Clause (B) : 분손담보조건(with average: WA)
③ Institute Cargo Clause (C) : 분손부담보조건(free from particular average: FPA)

이 보험조건은 어떠한 기본조건을 선택하고 또 화물과 운송의 특수사항을 고려하여 어떠한 부가위험을 추가할 것이며 전쟁위험과 동맹파업위험 등은 어떻게 할 것인가를 결정하여야 한다.

6. 결제조건

무역상품의 대금결제방법에는 여러 가지 종류가 있으나, 외국무역에 있어서 상례적인 것은 송화(送貨)를 담보로 하는 환어음에 의한 결제방법이다. 이 경우에 있어서는 상품 자체와 상환하지 않고, 상품을 증권화한 선적서류(shipping documents)와 상환으로 대금이 지급된다.

무역거래의 결제조건으로서 당사자가 서로 협정하여야 할 중요한 사항은 ① 대금결제의 방법, ② 화환어음에 관한 조건, ③ 신용장에 관한 조건 등이다.

무역대금결제 방식중 가장 중요한 신용장이란 외국무역에 있어서 대금결제의 원활을 기하기 위하여 은행이 수입업자를 대신하여 일정한 금액, 기간 및 조건하에 수출업자에 대하여 화환어음을 발행할 권한을 부여하고 그 은행이 어음의 인수·지급을 수출업자, 어음할인은행 및 선의의 어음소지인에 대하여 보증하는 서장이다. 신용장에 관한 조건으로서는 ① 신용장의 종류, ② 신용장금액, 유효기간 및 갱신조건, ③ 신용장의 발행방법 등을 협정하여야 한다.

제3절 무역계약과 인코텀즈(Incoterms)

1. 국제규칙의 제정

1) 국제무역조건(International Terms of Trade)

Incoterms는 International Commercial Terms의 앞 두 단어의 In과 Co를 Terms에 붙여서 약칭한 것으로, 정식의 명칭은 International Rules for the Interpretation of the Trade Terms(무역거래조건의 해석에 관한 국제규칙)라고 한다.

인코텀즈는 빈번하게 재검토 되고 갱신된다. 가장 최근 판(version)으로 2020년도에 개정된 Incoterms 2020이 사용되고 있다.

인코텀즈 2010의 터미널 인도조건(DAT)은 인코텀즈 2020에서는 도착지양하 인도조건(DPU)로 불린다. 운송비·보험료지급 인도조건(CIP)은 협회적하약관(ICC) A 조항의 보험을 담보해야 한다.

Incoterms 2020은 운송방식에 따라 정형거래조건을 분류하고 있다. 모든 운송에서 사용가능한 거래조건은 작업장 인도조건(EXW), 운송인 인도조건(FCA), 운송비지불 인도조건(CPT), 운송비·보험료지불 인도조건(CIP), 터미널 인도조건(DAT), 도착지양하 인도조건(DPU) 및 관세지급 인도조건(DDP) 등 7가지 조건이 있다. 해상 및 내수로 운송의 경우에만 사용할 수 있는 거래조건은 선측 인도조건(FAS), 본선 인도조건(FOB), 운임포함 인도조건(CFR) 및 운임·보험료 포함 인도조건(CIF) 등 4가지이다

2) 매도인과 매수인의 의무

또한 Incoterms 2020은 매도인과 매수인의 의무조항을 다음과 같이 각각 소항목 10 가지로 통일하고 대치·배열하여 매매당사자들의 의무를 분명히 하고 있다[표 3-2 참조].

| 표 3-2 | 매도인과 매수인의 의무(Incoterms 2020)

A. The Seller's Obligations (매도인의 의무)	B. The Buyer's Obligations (매수인의 의무)
A1. General Obligations of the seller (매도인의 일반적 의무)	**B1.** General Obligations of the Buyer (매수인의 일반적 의무)
A2. Delivery (인도)	**B2.** Delivery (인도)
A3. Transfer of risks (위험의 이전)	**B3.** Transfer of risks (위험의 이전)
A4. Carriage (운송)	**B4.** Carriage (운송)
A5. Insurance (보험)	**B5.** Insurance (보험)
A6. Delivery / Transport document (인도/운송서류)	**B6.** Delivery / Transport document (인도/운송서류)
A7. Export / Import clearance (수출입통관)	**B7.** Export / Import clearance (수출입통관)
A8. Checking / packaging / marking (점검·포장·화인)	**B8.** Checking / packaging / marking (점검·포장·화인)
A9. Allocation of costs (비용분담)	**B9.** Allocation of costs (비용분담)
A10. Notices (통지)	**B10.** Notices (통지)

한편 Incoterms는 법적 구속력을 지닌 국제조약(convention)이 아니라 일종의 임의규칙이므로 매매당사자간의 합의에 의해서만 사용될 수 있다. 따라서 국제규칙에서 미흡한 점을 양당사자의 합의에 의해 계약서 중에서 보충해야 한다.

2. 정형거래조건(Incoterms® 2020)의 이해[2]

1) 국제무역조건(International Terms of Trade)

각각의 국제매매를 위해서는 아래의 여러 단계 중에서 수출업자와 수입업자의 책임을 결정하는 것이 중요하다.

2) 강태구 외 2인, 무역학개론, pp.338-339.

① 수출국 국내운송(Pre-carriage): 수출국에서의 국내 운송
② 주요 운송(Main-carriage): 수출국과 수입국 간의 국제 운송
③ 수입국 국내운송(On-carriage): 수입국에서의 국내 운송
④ 국제운송에서 포함되는 위험들
⑤ 수입국에서의 세관 통관

Incoterms® 2020은 정식으로 국제매매의 다음 측면을 규정하고 있다.

① 어떤 과업이 수출업자에 의해 수행되어야 하는가
② 어떤 과업이 수입업자에 의해 수행되어야 하는가
③ 어떤 활동이 수출업자에 의해 지불되어야 하는가
④ 어떤 활동이 수입업자에 의해 지불되어야 하는가
⑤ 수출업자로부터 수입업자에게 이전되는 상품의 정확한 책임의 분기점

Incoterms® 2020에는 EXW, CIF, FOB, DDU 등과 같이 모두 3자리로 단축된 두문자어(頭文字語)로 11개의 다른 거래조건이 있다.

2) Incoterms® 2020 조건의 선택

올바른 인코텀즈 조건의 선택은 회사의 수출전략에 달려있다.

① 매매되는 제품의 유형(중량, 용적, 부패 용이성, 가치, 온도변화에 민감성 등)
② 선적의 방법
③ 관계된 과업을 이행하기 위한 수출업자와 수입업자 양쪽의 능력과 의지
④ 거래 상대방 간의 신뢰도

3) Incoterms® 2020 규칙

각 인코텀즈 규칙들은 아래의 사항들을 포함하고 있다.

① 범위(scope): 사용될 수 있는 제품의 유형
② 운송방식(modality): 사용될 수 있는 운송방식
③ 문장형식(syntax): 송장과 서류에 언급되어야 하는 형식

각 인코텀즈 규칙들은 아래의 사항들을 명시하고 있다.

① 수출업자의 책임
② 수입업자의 책임
③ 수출업자로부터 수입업자로 이전되는 상품의 책임이전 특정 분기점

Model Letter 1-A. Inquiry for Polyester Fabrics

Dear Sirs,

For some time we could not do any business because of our sluggish market, but we are pleased to inform you that our Government has eased the duties on some textile goods.

It is most likely that our customers will lay in fairly large stocks of polyester fabrics and we are anxious to have your latest prices together with samples for the following :

Polyster Satin, Polyester De-chine, Polyster Jacquard
Palace, 44“ × 20/50 yds., plain dyed or screen-printed in five colourways.

We expect to obtain orders for at least 70,000 yards of each item and the time of shipment required would be May / June. Please quote prices on C.I.F. Gwangyang as usual.

We trust that this will receive your prompt attention and interesting business will be realized after a long interval.

Yours faithfully,

AVT : eu

Gloss

sluggish market 시황부진
ease the duties on 부과하는 수입세를 경감하다
lay in (상품을) 사들이다
Polyster Satin, Polyester De-chine, Polyster Jacquard Palace
44“ × 20/50 yds. 넓이 × 길이, “는 inch, yds.는 yards
plain dyed or screen-printed
colourways 배색
May / June 5/6월 선적. 원칙적으로는 5월 1일부터 6월 30까지 사이에 선적

Model Letter 1-B. Reply to the foregoing

Dear Sirs,

Your letter of 3rd April delighted us very much with very good news. We have immediately dispatched the samples you requested, five for each item, and are pleased to quote on them as the enclosed Price List No. 7.

While your market was quiet, ours has been very active with a ruch of order from Japan. Under this circumstances, we have quoted the competitive price with deliveries as near as May or June.

We thank you very much for your inquiry and assure you of our best attention to your concrete inquiry to be received by return.

Yours faithfully,

ENJ : IN
Encl. Price List No. 7

Gloss

quite 거래가 한산하다. active는 거래가 활발하다.
a ruch of order 주문폭주
delivery 인도

Model Letter 2. Selling Offer of Canned Top-Shell, Seasoned

Gentlemen :

Thank you for your letter of May 10, 2021. We are pleased to send you separately samples of Canned Top-Shell, Seasoned and to enclose the related offer sheet.

Besides Canned Top-Shell, Seasoned, we can supply you with Canned Mackerel-Pike(Saury) in June, Canned Cuttle-Fish, Seasoned in October, and Dried Abalone all the year round if you are interested. But we regret to inform you that we can't submit you the price list and samples of canned Cuttle-Fish, Seasoned because it is not producing season of them.

We, therefore, expect to have business relation with you, in Canned Top-Shell, Seasoned, and Dried Abalone if you are in the market.

We hope both samples and the offer sheet enclosed will prove to your satisfaction in every point.

Very faithfully yours,

Encl. : Offer Sheet

Gloss

Canned Top-Shell, Seasoned 소라 가미 통조림
Canned Mackerel-Pike(Saury) 꽁치 통조림
Canned Cuttle-Fish, Seasoned 오징어 가미 통조림
Dried Abalone 마른 전복

(Model Form 1) Offer Sheet for Canned Top-Shell, Seasoned

OFFER

In accordance with your inquiry No. *OH 135* dated *May 10, 2021* we are pleased to offer you as follows :

Destination : *New York, U.S.A*
Delivery : *May/June*
Terms of Payment : *By irrevocable L/C in our favor*
Offer Period or Subject to : *Our final confirmation*
Brand Origin : *Republic of Korea*
Packing : *Export standard packing*
Remarks: *Partial shipments : allowed*
containing 48/7 oz.
per case

DESCRIPTION	QUANTITY	UNIT PRICE	TOTAL PRICE
Canned Top-Shell, Seasoned 48 tins/7 oz. per case. Remarks. 1. Inspection to be made by Central Fisherise Inspection Station Korea, is final. 2. Label can be designed according to your request. Maker : Daeyang Fisheries Commercial Co., Ltd., Seoul, Korea.	300 Cases	CIF New York @$17.50 per case	US$ 5,250

We are awaiting your orders :

Yours faithfully,

Gloss

export standard packing 수출용 수준 포장
Central Fisherise Inspection Station 한국 중앙수산물 검사소

Model Letter 3-A. Buying Offer of Golf Club

Gentlemen :

Thank you for your letter of May 3, with the catalog and the draft Agreement enclosed.

We shall be glad if you quickly quote us your reasonable price for the following item on the terms and conditions specified below :

Article : TaylorMade Brand, Golf Driver Model R11-S 9* as per your Specifications.
Quantity : 1,000 clubs as a trial
Price : To be quoted on C.P.T. Gwangyang per club in U.S. dollars
Payment : Draft at sight under an irrevocable L/C
Insurance : To be covered by us
Packing : Appropriate packing to be done by you for the transportation by a container vessel

As we have close connections with many golf clubs here in Korea, we shall be able to place substantial orders with you if your price and its performance prove satisfactory to our customers.

As to the catalog, we would like to make out own in Korean. So we shall appreciate it if you permit us to translate the essential parts of yours into our language.

We look forward to receiving your estimate by return.

Very truly yours,

Gloss

reasonable price 최저가격. rock bottom price, the best price, the keenest price, the most competitive price
the following item 아래의 품목 **as a trial** 시험적 주문
C.P.T. Carriage Paid To. 운송비지급 인도조건 **in U. S. dollars** 미국 달러 통화로
draft at sight 일람불 어음 **irrevocable L/C** 취소불능 신용장
cover 부보하다 **container vessel** 컨테이너 선박
place an order with 주문하다 **performance** (기계 등의) 성능
make out 작성하다

Model Letter 3-B. Reply to the foregoing (Estimate for Golf Club)

Gentlemen :

In response to your request of May 10, we are very glad to fax you our estimate for "TaylorMade" Brand, Golf Driver Model R11-S 9*

Though we have estimated our very best price CPT Gwangyang as you preferred, we are ready to consider any comment you might provide us with.

As to the translation of your catalog, we basically agree to your request. However, we reserve the right to withdraw or cancel the permission as the case may be.

We earnestly await your immediate initial order.

Very truly yours,

Gloss

in response to ~에 응답하여
provide ~ with ~ (누구)에게 (무엇)을 제공하다
reserve the right to 권리를 갖다
withdraw 철회하다
as the case may be 사정에 따라서는
estimate 견적서. 일반적으로 price list가 사용되나 기계류의 경우에는 estimate가 사용된다

(Model Form 2) Estimate for Golf Driver TaylorMade R11-S 9*

ESTIMATE No. GFD 7

In compliance with your request of May 10, 2021, we are glad to submit our price on the terms and conditions set forth below.

Description of Goods	Quantity	Unit Price	Amount
"Taylor Made Brand, Golf Driver Model R11-S 9* Other details are as per spec. and catalog	1,000 clubs	CPT Gwangyang per club @ $500	US$ 500,000

* THE PRICE QUOTED ABOVE IS WITHOUT ENGAGEMENT AND SUBJECT TO OUR FINAL CONFIRMATION.

Remarks

Terms of Payment : Draft at sight under an irrevocable L/C
Time of Delivery : Shipment within 35 days after receipt of an L/C
Minimum Quantity : 1,000 clubs per lot of an order
Quantity Discount : To be considered for an order of more than 2,000 clubs

\- E. & O. E. -

Gloss

in compliance with ~에 따라서
submit 제출하다
set forth below 아래에 언급된. stated below, specified below, stipulated below
unit price 단위당 가격
terms of payment 결제조건
time of delivery 납기
minimum quantity 최소 인수가능 수량
quantity discount 수량할인
E. & O. E. Errors and omissions are excepted. 오기와 누락은 제외

Model Letter 3-C. Counter Offer (asking for a price reduction)

Gentlemen :

Thank you very much for your prompt reply in providing us with your estimate No. GFD 7.

We immediately examined it with our minute care, and contacted some of our customers for their comments and suggestions, they say that the Driver Club seems to be suitable for golf playing, but the price is quite high as compared with competitors'.

As we previously mentioned in our fax of May 10, we are in a position to import it in quantities if your price is reasonable to our customers. So would you come down to a level workable to us, say, @ $ 450?

We hope that you will understand the benefit likely to accrue to you from a competitive price, and kindly pave the way to our initial order.

Very truly yours,

Gloss

examine 상세하게 조사하다
with our minute care 세밀한 주의를 가지고
contact 접촉하다. 연락하다
(as) compared with ~와 비교해서
competitors' 경쟁상대의 가격. competitors' prices
be in a position to 할 수 있다. can, be able to
in quantities 많이. 다량으로
the level workable to 채산점에 이르는 수준
accrue to 생기다
pave the way ~에의 길을 열다. ~을 가능케 하다

Model Letter 3-D. Acceptance of Counter Offer (allowing a discount)

Gentlemen :

We regret to know from your fax of May 30 that our price for the Model R11-S 9* is not competitive enough to meet with your customers' approval.

"To be sincere and honest" is our traditional motto, and we are always doing business on this foundation. It means that our price is marginal and there is no room to concede as our normal business practice.

However, bearing it in mind that you have to spend some amount of money for marketing, we have decided to curtail our profit so that we may make a discount of $50 per club as a token of our encouragement for your sales activities.

We hope that you will understand our attitude and place an initial order with us as quickly as possible.

Very truly yours,

Gloss

meet with one's approval 찬성(지지)을 얻다
our traditional motto 당사의 전통적인 사훈
no room to concede 양보할 여지가 없다
bear it in mind that ~ 마음에 담다
curtail 절감하다
as a token of our encouragement 장려(격려)의 표시로서

Model Letter 3-E. Order for Golf Driver Club

Gentlemen :

Thank you for the consideration and concession you kindly made in yesterday's fax.

We contacted some of the influential customers here immediately ofter the office hours began, and have just reached the conclusion that we should anyway step forward by placing a trial order with you at the price indicated.

Our purchase order No. TMG-DR-1 will follow this fax, and we shall be very happy if you confirm it by return so that we may make sure each other of the conclusion of the contract for "TaylorMade"Brand, Golf Driver Model R11-S 9*

Upon receipt of your confirmation by fax, we will arrange with our bankers for an irrevocable L/C to be established in your favor.

We are looking forward to waiting for your confirmation of our purchase order No. TMG-DR-1.

Very truly yours,

Encl. : Purchase order

Gloss

step forward 전진하다
at the price indicated 지정된 가격으로
we shall be very happy if you ~ 해주신다면 대단히 행복하겠다
arrange with ~ for ~ (누구)와 (무엇을) 준비하다
in your favor 귀사를 수익자(beneficiary)로 하여
establish 개설하다. open, issue
purchase order 주문서. purchase note(買約書)는 계약 후 계약확인을 위해 판매자에게 송부하는 것

(Model Form 3) Purchase Order

PURCHASE ORDER NO. TMG-DR-1

We purchase from you the following goods on the terms and conditions set forth below and the reverse side hereof :

Description of Goods	Quantity	Unit Price	Amount
"Taylor Made" Brand, Golf Driver Model R11-S 9* Other details are as per spec. and catalog	1,000 clubs	CPT Gwangyang per club @ $450	US$ 450,000

Terms of Payment : Draft at sight under an irrevocable L/C
Shipment : By June 30, 2021, from New York
Insurance : To be covered by buyer
Packing : Appropriate packing to be done by you for the transportation by a container vessel
Destination : Gwangyang, Korea

Gloss

the reverse side hereof 이것(주문서)의 뒷면
shipping marks 하인(荷印). 포장의 윗면에 인쇄하는 표시이다. 주표시(main mark), 목적항(port of destination), 포장번호(packing number), 원산국(country of origin)이 인쇄된다

(Model Form 4) Reverse of Purchase Order

General Terms and Conditions

Intellectual Property

Seller shall be responsible for any infringement with regard to intellectual property rights such as patent, utility model, trademark, design, copyright, technical know-how, and so forth in the merchandise, whether in Buyer's country or any other country or place. In the event of any dispute with regard to the above right and/or rights, Buyer shall have the right to cancel this contract at Buyer's discretion and shall be under no liability arising therefrom. Seller shall be responsible for and shall defend, reimburse, indemnify and hold Buyer harmless of and from any and all liabilities, claims, expenses, losses and/or damages caused thereby.

Claims

Any dispute or difference arising out of or relating to this contract or the breach thereof which cannot be amicably settled without undue delay by the interested parties shall be arbitrated in Seoul, Korea, in accordance with the arbitration rules of The Korea Commercial Arbitration Association. The arbitral award shall be final and binding upon both parties.

Trade Terms

The trade terms to be used in this contract shall be governed and construed by the provisions of INCOTERMS 2020, ICC, unless otherwise specifically stipulated.

Governing Law

This contract shall be governed by and construed under the laws of Koera.

Gloss

intellectual property (right) 지적소유권. 특허권(patent), 실용신안(utility model), 상표(trademark), 의장(design), 저작권(copyright) 등을 총체적으로 의미 한다

be responsible for ~에 대하여 책임이 있다

infringement 저촉, 침해

arbitration 중재

The Korea Commercial Arbitration Association 대한 상사중재원

(arbitral) award 중재판정

governing law 준거법

unless otherwise specifically stipulated 달리 규정되어 있지 않는 한

construe 해석되다

* Order Sheet, Sales Note, Purchase Note 등의 뒷면에는 일반거래조건의 약관이 인쇄되어 있다. 이면약관은 추후 분쟁을 회피하기 위하여 당사자 간에 미리 합의할 필요가 있으며, 이는 계약의 일부로서 중요하다.

Model Letter 3-F. Confirmation of Order

Gentlemen :

We have just received your E-mail and purchase order No. TMG-DR-1, and are glad to confirm our acceptance of your order as it is.

Our Sales Note No. GDT-R11-102 in duplicate will follow this as an evidence of the conclusion of this contract. After your examination of it, would you kindly return to us the duplicate signed if there is nothing to amend in it?

We are waiting for your L/C to reach us within a week or so, by the end of this month at the latest, while you may rest assured that the shipment is done punctually as contracted.

We hope that this initial business will be the forerunner of future transactions mutually profitable to us.

Very truly yours,

Gloss

as it is 그대로
in duplicate 正副 2통(origianal과 duplicate 2통)
at the latest 늦어도
you may rest assured that (~에 대해서는) 안심해도 좋다

(Model Form 5) Sales Note

SALES NOTE NO. GDT-R11-102

We confirm our sale to you of the following goods on the terms and conditions set forth below and on the reverse side hereof :

Description of Goods	Quantity	Unit Price	Amount
"Taylor Made" Brand, Golf Driver Model R11-S 9* Other details are as per spec. and catalog	1,000 clubs	CPT Gwangyang per club @ $450	US$ 450,000

Terms of Payment : Draft at sight under an irrevocable L/C
Shipment : By June 30, 2021, from New York
Insurance : To be covered by buyer
Packing : Appropriate packing to be done by seller for the transportation by a container vessel
Destination : Gwangyang, Korea

Remarks : Please return to us the duplicate signed.

Buyer : Seller :

Gloss

we confirm our sale to you of ~ ~을 귀사에게 판매하는 것을 확인함
Sales Note 賣約書. 계약의 성립 후에 그 계약내용을 확인하는 문서로서 수출업자가 수입업자 앞으로 보내는 것이다.

(Model Form 6) Purchase Note

PURCHASE NOTE NO. 201

We confirm the purchase of the following goods on the terms and conditions stated below :

Artcle : Samaung TV Sets.
Quantity :
1,000 sets Samsung TV No. SMT-11 @U.S.$ 2,500 C.I.F. New York per set.
1,500 sets Samsung TV No. SMT-12 @U.S.$ 3,000 C.I.F. New York per set.

Shipment : During June.
Terms : Draft at sight under an Irrevocable L/C.
Insurance : W.A. including risks of Theft, Pilferage and Non-Delivery for 110% of the invoice amount.
Arbitration : Claims to be payable in New York.
Packing : 50 sets each to be packed in an export carton case.
Marks & Numbers :

◇AT◇

New York
c/#1-50
MADE
IN
KOREA

Remarks : Unless otherwise expressly stated, this contract is subject to the agreement previously exchanged.

Yours truly,

Gloss

110% of the invoice amount 송장금액의 110%. 10%는 희망이익(expected profit)

(Model Form 7) Sales Note

SALES NOTE NO. 123

We confirm having sold the following goods at the price and on terms and conditions set forth below :

Article	1,000 sets Samsung TV
&	No. SMT-11 @U.S.$ 2,500 C.I.F. New York per set.
Price	1,500 sets Samsung TV
	No. SMT-12 @U.S.$ 3,000 C.I.F. New York per set.

Shipment : During June
Packing : 50 sets each to be packed in an export carton case.
Marks & Number :

AT

New York
c/#1-50
MADE
IN
KOREA

Insurance : To be effected by shipper, W.A. including risks of TPND for 10% over the Invoice amount.
Arbitration : Claims to be payable at New York.
Terms : Draft at sight under irrevocable L/C.
Remarks : Unless otherwise expressly stated, this contract is subject to Agreement on Terms & Conditions previously exchanged.

Yours truly,

Gloss

TPND Theft, Pilferage and Non - Delivery. 도난, 발하, 불착의 위험
the Invoice amount 송장금액

Model Letter 3-G. Informing of establishment of an L/C

Gentlemen :

Thank you very much for your confirmation of our order for 1,000 clubs "TaylorMade" Brand, Golf Driver Model R11-S 9*. We are very happy to import it as an initial order, and are sure that it will prove to be suitable for golf players in this country.

As contracted, we have just completed the procedures at our bank to open an irrevocable L/C in your favor.

As to the Sales Note, we have already returned to you the duplicate with our signature.

We look forward to your punctual shipment, and are also waiting for the safe arrival of the goods here.

Very sincerely yours,

Gloss

prove to be suitable 적합하다는 것을 알게 되다
punctual shipment 납기엄수 선적

(Model Form 7) Agreement on General Terms and Conditions

AGREEMENT

July 30, 2021

BETWEEN

A & Co., Ltd. ······ as the seller

B & Co., Ltd, ······ as the buyer

1. Business : Business shall be conducted as Principal to Principal, i.e. both Sellers and Buyers shall act one their own account and responsibility.
2. Goods : Goods in business, their unit to be quoted, and their mode of packing shall be stated in the attached list.
3. Prices : Unless otherwise specified in cables or letters, all prices submitted by "A" or "B" shall be understood C.I.F. New York in U.S. Dollars.
4. Offers : All cable offers are to be considered "firm" subject to reply within the period stated in respective cables. When "immediate reply" is used, it shall mean that a reply is to be received within three days from and including the day of the despatch of a firm offer. In either case, however, Sundays and all official bank holidays are excepted.
5. Orders : Except in cases where firm offers are accepted by "B", no orders are binding until acknowledged by "A".
6. Letter of Credit : Banker's Confirmed Letter of Credit shall be opened in favor of "A" immediately upon confirmation of sale; credit shall be made a available twenty one(21) days beyond the contracted time of shipment in order to provide against unavoidable delay in shipment.
7. Payment : Drafts shall be drawn under credits at thirty(30) days after sight, documents attached, for the full invoice amount.
8. Shipment : All goods sold in accordance with this Agreement shall be shipped within the stipulated time. The date of Bill of Lading shall be taken as conclusive proof of the day of shipment. Unless otherwise agreed upon, the port of shipment shall be at "A"s option.
9. Force Majeure : "A" shall not be responsible for the delay in shipment due directly or indirectly to force majeure including mobilization, war, riots, civil commotion, hostilities, blockade, requisition of vessels, prohibition of export, fires, floods, earthquakes, tempests, strikes, lockouts, and any other contingencies, which prevent shipment within the period stipulated. In the event of any of the aforesaid causes arising, documents proving its occurrence of existence shall be submitted by "A" to "B" without delay.
10. Delayed Shipment : In all cases of force majeure provided in Article 9, the period of shipment stipulated shall be extended for a period of twenty one(21) days.

In case shipment within the extended period should still be prevented by a continuance of the causes mentioned in Article 9 or the consequences of any of them, it shall be at "B" s option either to allow the shipment of late goods or to cancel the order by giving "A" a notice of cancellation by cable.

11. Marine Insurance : "A" shall effect insurance on all shipments on W.A. and for a sum equal to the amount of the invoice plus ten(10) percent, if no other conditions are particularly agreed on. War Risk or any other additional insurances, if required, shall be covered for account of "B". All policies shall be made out in U.S. Dollars and claims payable at New York.
12. Claims : Claims, if any, shall be filed by cable within fourteen(14) days from the date of final discharge of the goods at destination. Claims after the elapse of fourteen days shall be considered as null and void. Claims and disputes which can not be amicably settled between "A" and "B" shall be settled by arbitration in Korea by the Korean Commercial Arbitration Board according to the arbitration rules of the said Board.

In witness whereof, A & Co., Ltd. have hereunto set their hand in duplcate on the First Day of ······, Twenty Hundred ······, in Inchon, Korea, and B & Co., Ltd. have hereunto set their hand in duplicate on the ······ Day of ······, Twenty Hundred ······, in New York, U.S.A. This Agreement shall be valid on and from the First Day of ······, Twenty Hundred ······ and any of the Articles in this agreement shall not be changed or modified unless by mutual consent.

(Buyers) :	(Sellers) :
B & Co., Ltd.	A & Co., LTD.
(Signature)	(Signature)
General Manager	Export Manager

Gloss

as principal 본인으로서

as agent 대리인으로서

Force Majeure 불가항력. mobilization(동원), war(전쟁), riots(폭동), prohibition of export(수출금지), hostilities(교전), blockade(봉쇄), requiisition of vessels(선박징발), fires(화재), floods(홍수), earthquakes(지진), tempest(폭풍우), strike(파업), lockout(공장봉쇄) 등이 포함 된다

insurance 보험. 보험금액은 송장가액의 110%로 10%는 희망이익(expected profit)이다

Useful Expressions

1. We suggest that you accept this price because there is every indication that we have to face a further advance in prices of raw materials before long.

2. We have specially decided to accept your offer at your limit because this is the first experience with you and we wish to make this the forerunner of many future orders from you.

3. We are pleased to offer you firm one hundred pieces of Silk Tissue at $15 per pc. subject to your acceptance by noon here May 11.

4. We have just received your inquiry of June 1 for our Energy-saving Device TN-55. Luckily we have 50 units in stock, but there are inquiries from others, too. So we offer it as follows subject to being unsold.

5. We are pleased to place an order with you for your computer on the terms and conditions set forth below.

6. Thank you for your quotation of May 15, and we note that the total amount of 50 units is US$ 5,000 C.P.T. Gwangyang. We agree to this price, and would ask you to accept this letter as our formal order for the goods.

7. Many thanks for your offer of June 6 in reply to our inquiry for your new product. We enclose our official order for 1,000 units of Computer which we understand you can supply immediately from stock.

8. Should you fail to accept this offer by noon of the 20th, we have to raise the price by about 13% because the prices of raw materials are advancing and labor costs are also expected to rise owing to the result of spring labor offensives here.

9. We will inform you when your order is ready for dispatch and shall be pleased to assist you to the best of our power at all times.

10. As this is very important to you as well as to us, we wish you to try your best and send your acceptance immediately.

Put into English

1. 이 FAX를 받자마자 항공편으로 완구의 도해 카타로그 5부와 가격표를 송부해 주십시오.

2. 이곳의 소득 수준은 일반적으로 그렇게 높지 않기 때문에, 고급 품질의 상품에 대한 수요는 그다지 예상되지 않습니다.

3. 대량주문(large order)이 유럽 국가들로부터 들어오고 있기 때문에 재고품이 급속하게 감소하고 있습니다. 연말 대매출이 예정되는 경우에는 금주 말까지 주문해 주십시오. 그러면 10월 선적이 가능합니다.

4. 귀사의 11월 25일자 반대청약을 승낙합니다. 계약하신 대로 12월 15일까지 선적을 하기 위해서는 취소불능신용장이 12월 5일 까지 당사에 반드시 도착해야 한다는 것을 유의해 주십시오.

5. 2월 23일부 확정오퍼는 가격 면에서는 매우 매력적이지만 여름철 물건의 시즌에 때를 맞추기 위해서는 아무래도 2월 말까지의 선적이 필수조건입니다. 부디 확인해 주십시오.

6. 2월 25일부 확정오퍼를 승낙합니다. 그 확인으로서 買約書(purchase note) 제 123호를 계속하여 팩스 송신합니다. 틀린점이 없으면 서명하신 후 반송해 주십시오.

7. 귀사의 가격은 귀사의 경쟁업체가 제공하는 가격과 비교하여 너무 높다. 그래서 당사는 당사의 주문을 다를 데로 돌릴 수 밖에 없습니다.

8. 무리한 부탁임에도 불구하고 흔쾌히 승낙해 주셔서 마음으로부터 감사드립니다. 덕분에 X-mas 및 연말 대매출에 맞추게 되어서 기쁩니다. 신용장은 오늘 수배하였습니다.

9. 귀사의 지난번 연어통조림의 탁송품이 당 시장에 환영받고 있고 당사는 다음과 같이 귀사에게 재 주문을 하게 되어 기쁘다.

10. 이 주문과 추가적인 주문을 당사가 즉각적이고 주의 깊게 배려할 것을 귀사에 보증합니다.

제3장 무역대금결제방식과 신용장

제1절 대금결제방식과 신용장

대금결제방식에는 첫 번째 송금방식, 두 번째 무신용장(추심결제방법; D/P, D/A) 방식, 세 번째 수출업자가 선적 후 선박회사로부터 선하증권(B/L) 등을 수취한 후 화환신용장에서 요구되는 선적서류를 갖추어 화환어음을 발행하고 그것을 외국환은행에 매입을 의뢰하는 신용장방식 등이 있다. 이 이외에도 국제팩토링(Factoring) 결제, 포페이팅(Forfaiting) 등이 있다.

1. 송금방식

1) 사전송금방식(Payment in Advance)

매수인이 주문과 동시에 그 상품의 대금을 지급하는 방법이며, 주문불(cash with order; C.W.O)이라고도 부른다.

2) 서류상환불(Cash against Documents; CAD)

수출업자가 선하증권(bill of lading, B/L) 등의 운송서류, 보험서류(insurance documents), 상업송장(commercial invoice) 및 기타 부속서류를 수입업자에게 직접 또는 수입업자의 대리점이나 거래은행에 제시하여 서류와 상환으로 현금을 지급받는 방법이다.

3) 대금교환불(Cash on Delivery; COD)

수출물품이 목적지에 도착하면 수입업자가 직접 상품의 품질을 검사한 후 수입대금을 상품과 상환으로 현금으로 지급하는 방식이다. CAD와 COD는 물품의 인도와 동시에 또는 인도 후 수출대금을 외화로 영수하는 조건의 대금교환으로서 조건부 수출방식이며, 송금방식에 의한 수출에 해당한다.

2. 추심결제방식

화환어음의 담보로 첨부된 선적서류의 인도조건에 따라 인수도조건(documents against acceptance, D/A) 및 지급인도조건(documents against payment : D/P)의 두 가지가 있다.

1) D/A 조건

화환어음 조건의 하나로서, 수입업자는 은행으로부터 화환어음의 제시를 받았을 때 어음대금을 지급하지 않고 이를 인수함으로써 선적서류의 인도를 받을 수 있다. 신용장의 보증 없이 화물이 적송되는 점에 있어서는 D/P와 마찬가지이다. D/P 조건에 있어서는 은행이 어음대금의 지급을 받고 선적서류를 수입업자에 인도하는데 반하여 D/A 조건에 있어서는 외상으로 선적서류를 인도하는 점이 다르다.

2) D/P 조건

화환어음의 송부를 받은 은행이 화물인수에 필요한 선적서류를 어음대금 지급과 상환으로 인도하는 조건을 말한다. 이 조건에 있어서는 수입업자는 신용장을 개설할 필요가 없고, 화물과 함께 송부되어 온 선적서류를 외국환은행에서의 대금지급과 동시에 인수할 수 있다.

3. 신용장방식

신용장부화환어음(Documentary Bill of Exchange with Letter of Credit)을 신용장 결제라고 부르고 우리나라의 수출입 거래에서 가장 많이 이용되고 있다. 신용장결제의 경우에는 매매계약의 성립과 동시에 매수인은 자기회사 거래은행에 신용장의 발행을 의뢰하고 그 거래은행(개설은행; issuing bank)은 신용장을 개설한다. 신용장이란 개설은행이 수입업자(개설의뢰인; applicant)의 의뢰에 의하여 수출업자 앞으로 발행하고 수출업자에 대하여 선적서류를 첨부한 화환어음을 발행하는 권한을 부여하고 그 인수, 지급 및 매입을 보증한 확약서이다. 발행된 신용장은 수출지의 통지은행(advising bank)을 통하여 수출업자에게 통지된다.

제2절 신용장

1. 신용장의 의의

1) 무역매매와 신용장제도

무역매매는 언어·문화·법률·상관습 등이 다르고, 정치적·경제적·사회적·역사적인 배경 등을 달리하는 서로 다른 국가에 속하는 매매당사자들 간에 이루어지므로 국내매매와는 달리 매우 복잡한 특성의 위험을 지니고 있다. 그 중에서도 특히 거래 상대방의 신용상태의 변화로 야기되는 위험으로, 수출업자로서는 대금회수불능의 위험(credit risk)과 수입업자로서는 상품입수불능의 위험(mercantile risk) 등을 들 수 있다. 특히 국제거래에서는 무역매매의 이러한 위험 때문에 은행이라는 공정성을 띤 제3자를 중간매개체로 개입시켜 불안을 해소시키려 한다. 그러나 은행에게 상품의 실질적 등급파악이나 당사자의 계약이행과 관련된 법률관계에 대한 판단까지 요구한다면 이러한 업무는 은행의 현실적 여건상 감당할 수 없게 된다. 따라서 신용장은 결국 은행의 이러한 행동제약 요인을 제거하여 은행의 책임과 의무를 최대한 간편화하고 가볍게 하기 위한 제도로서 매매당사자가 자신들의 거래에 은행을 개입시키기 위해 매매계약의 이행을 은행 측 입장에 맞추어 재편성한 것이다.

신용장은 은행이 매매당사자간에 개입하여 신용위험, 즉 대금회수불능 위험과 상품입수불능 위험을 해소하여 무역거래가 원활하게 수행되도록 하는 현재 무역거래에서 가장 많이 사용되는 제도이다.

이러한 신용장의 거래규칙은 이미 오랫동안 국제적인 관습을 바탕으로 국제상업회의소(International Chamber of Commerce : ICC)가 1933년에 제정하여 지금까지 몇 차례의 개정작업을 거쳐 현재에는 2007년에 개정된 ICC Publication No. 600인 제6차 "화환신용장에 관한 통일규칙 및 관례"(Uniform Customs and Practice for

Documentary Credits : UCP)이다.

또한 현재 UCP를 보완하고 전자신용장에 관한 통일규칙을 마련하기 위하여 국제상업회의소에서 "전자적 제시를 위한 UCP의 추록(supplement to UCP for Electronic Presentation version 1.1)"으로 소위 eUCP를 제정하여 2004년 4월 1일부터 적용하고 있다.

2) 신용장의 정의

오늘날 무역매매의 대금결제는 대부분 신용장에 의하여 이루어지고 있다. 특히 무역매매에 있어서는 거의 화환신용장이 사용되고 있다.

화환신용장이란 무역거래에서 대금결제의 신속화 및 정확성을 위하여 수입업자의 거래은행(개설은행)이 수입업자(개설의뢰인)의 요청으로 수출업자(수익자)로 하여금 일정기간 및 일정조건하에서 선적서류를 담보로 하여 신용장 개설은행 또는 신용장 개설은행이 지정한 매입은행을 지급인으로 하는 화환어음을 발행하도록 하여, 이 어음이 제시될 때에는 지급, 인수 또는 매입할 것을 수출업자 및 선의의 어음소지인에 대하여 보증하는 증서이다.

이러한 신용장이 개설되고 신용장에 의거하여 화환어음이 발행되면 신용장부 화환어음은 비록 수입상이 지급불능이 된다고 할지라도 개설은행이 책임지기 때문에 부도의 염려가 없다. 즉 신용장의 본질은 신용장 개설은행이 수익자인 수출업자가 발행하는 화환어음의 인수·지급을 확약하고 있는 것이라고 말할 수 있다.

이와 같이 신용장은 불확실할 수도 있는 상업신용을 확실한 은행신용으로 전환함으로써 무역거래에서 대금회수와 상품입수를 원활히 하는 금융수단이다.

3) 신용장의 기능과 효용

오늘날 무역거래 시 대금결제의 수단으로 화환신용장이 가장 널리 사용되는 데에는 다음의 기능들이 인정되기 때문이다.

첫째의 기능은 대금결제의 가장 확실한 수단으로서 수출입거래 시 매매 당사자들의 일방적인 상품 대금지급의 위험을 제거해 주는 것이다. 둘째의 기능은 매매당사자들의 금융수단으로서 수출업자는 상품을 선적하는 즉시 대금을 받을 수 있으며,

수입업자는 상품의 도착과 더불어 대금을 지급해도 되기 때문에 매매당사자들의 금융상의 부담을 가볍게 해주는 것이다.

2. 신용장의 당사자

1) 개설의뢰인(applicant)

물품매매의 당사자인 수입업자가 매매계약에 따라 자기 거래은행에 대해서 수출업자 앞으로 신용장을 개설할 것을 의뢰하게 되므로 수입업자를 신용장개설의뢰인이라고 한다.

2) 개설은행(issuing bank)

수입업자의 거래은행으로부터 수입업자의 요청과 지시에 의하여 수출업자가 발행하는 화환어음을 지급·인수 또는 매입할 것을 확약한다는 신용장을 개설하는 은행인데, Issuing Bank, Opening Bank, Credit Writing Bank, Grantor 등으로 불리운다.

3) 통지은행(advising bank)

수출국에 있는 수입지 개설은행의 본·지점이나 환거래은행으로 개설된 신용장을 단순히 수익자에게 통지해 주는 은행으로서 거래에 관해서 하등의 책임을 지거나 약정을 하는 것은 아니며, Advising, Notifying 또는 Transmitting Bank라고 불리운다. 또한 통상 통지은행이 Nego은행이 되는 것이 국제금융업계의 관례이다.

4) 지급·인수·매입은행(paying, accepting or negotiating bank)

수익자가 제시한 환어음에 대해서 직접 지급을 해주는 은행으로 개설은행이나 수익자가 있는 나라의 개설은행의 Corres은행 또는 제3국에 있는 은행이 될 수 있다.

지급통화가 수익자의 통화로 지급되는 신용장일 때는 대개 개설은행이 수익자나라의 통지은행을 지급은행으로 지정하는 지급신용장(straight credit)을 개설하게 되며, 이러한 지급행위를 위탁받은 은행이 지급은행이 된다.

은행에 제시되는 어음이 일람불이 아니고 기한부어음(time bill, usance draft)일 경우, 이러한 기한부어음을 인수하는 은행을 인수은행(accepting bank)이라고 하며, 인수은행은 그 어음의 만기일에 가서 지급은행이 된다.

신용장 대금의 지급을 특정 은행에 국한시키지 않고 있는 신용장에서 개설은행이나 수익자가 있는 나라의 지정은행 앞으로 발행된 환어음에 대해 대금을 결제해 주는 은행을 매입은행(negotiating bank)이라고 한다.

5) 확인은행(confirming bank)

개설은행의 의뢰에 의하여 신용장을 확인해 주는 은행을 확인은행이라고 하며, 이 확인은행은 개설은행의 재력이나 존폐에 관계없이 신용장에 의해 발행되는 화환어음을 지급, 인수 또는 매입해 주어야 한다.

수출업자로서는 이와 같이 자기 지역에 있는 권위 있는 은행의 확인을 받은 신용장이면 원래 개설은행이나 개설의뢰자의 신용 유무에 관계없이 안심하고 생산에 임할 수 있고 선적을 할 수 있다. 원래 외국에 Corres관계가 없거나 널리 알려지지 않은 개설은행은 스스로 확인은행의 확인을 받아 수익자에게 통지해 준다. 그러므로 확인신용장은 별도로 통지은행을 거치지 않고 확인은행 자체가 통지은행의 역할을 겸하게 된다.

6) 수익자(beneficiary)

신용장 개설의뢰인인 수입업자의 지시에 따라 신용장 개설의 혜택을 받는 사람, 즉 신용장을 받는 수출업자를 수익자라고 하며, Accreditee, Addressee 또는 User 라고도 불리운다.

7) 결제은행(settling bank)

신용장의 결제통화가 수입국이나 수출국의 통화가 아닌 제3국의 통화일 때는 이러한 제3국에 있는 개설은행의 예치환거래은행(depositary correspondent bank)이 그 신용장의 결제은행(settling bank)이 되며, 어음을 매입한 은행에 대금을 상환해 주는 은행이라고 해서 상환은행(reimbursing bank)이라고도 한다.

Model Letter 1-A. Letter asking for L/C

Gentlemen :

The letter of credit to cover your order No.123 dated July 15 has not yet been received by us, although the shipment for this order has to be made in a few days.

We have, therefore, been compelled to cable you, requesting you to issue and send the credit, as follows :

"CABLE IMMEDIATELY CREDIT COVERING ORDER JULY FIFTEENTH"

When you have received the above cable, you will, we hope, lose no time in arranging the required credit with your bank.

In order to save time for mailing, please electronically send your L/C direct to our bankers as previously instructed.

Your speedy arrangement will be much appreciated.

Very truly yours,

Gloss

to cover 결제하다
have, therefore, been compelled to 부득이 ~하다
lose no time 시간을 지체하지 않다
arranging the required credit 요구한 신용장을 수배하다
electronically 전자적으로
Your speedy arrangements will be much appreciated 신속한 대응을 해주시면 고맙겠습니다

Model Letter 1-B. Reply to the foregoing

Gentlemen :

We have today received your letter of the July 30 informing us that you have not yet received the letter of credit covering our order No.123 and requesting us to open it at once.

The credit in question was mailed to you through the branch office of our bank in New York on the 5th of this month, and so we expect it will reach you in time for shipment of this order.

We are sorry for not sending cable upon issuing the L/C, but we have today sent you the following cable :

"CREDIT MAILED FIFTH EXPECTED REACHING YOU BEFORE SHIPMENT"

Please do your best to hasten shipment within the stipulated date.

Very truly yours,

Gloss

covering our order 당사의 주문을 결제하기 위한
the credit in question 해당 신용장
in time for shipment 선적에 늦지 않도록
stipulated date 규정된 일자

Model Letter 2. Request for Changing of the Opening Bank of L/C

Dear Sirs,

We have received your letter of June 5, informing us of your prospective bank which would open the letter of credit.

Although we thank you for prompt attention to this matter, we have to say that the bank you mentioned in the letter is not acceptable.

Under the circumstances, would you kindly ask one of the banks listed on the enclosed sheet of paper, cancelling the bank you mentioned? Or we recommend you that the letter of credit to be opened by Second Rate Bank of Canada be confirmed at your cost by our bank.

We trust that you will understand this situation and hope that you will surely accept this favor. We would appreciate your prompt attention.

Yours faithfully,

Gloss

prospective bank (신용장 개설) 예정은행
under the circumstances 이러한 상황에서
recommend 권유, 추천하다
favor 호의

Model Letter 3. Request for Extension of Expiration Date of L/C

Gentlemen :

We have received with thanks the letter of credit covering your order No. 112.

With respect to the subject letter of credit, we would like you to extend its validity from July 15 to Auguest 15.

The manufacturers we assigned to process your order No. 112 have reported to us with an apology that the order would take a couple of more weeks for an unexpected delay of schedule on the part of their subcontractors. The subcontractors seem to have incurred an extraordinary delayed delivery of material to be applied as a vital ingredient to the product, and our expected shipment will be correspondingly delayed. We judge the cause somewhat beyond their control and permissible as well.

We would be much obliged it if you would understand the situation we are put in and extend both the time of shipment and validity of the L/C accordingly. Interest cost and other charge incidental to the extension will be borne by us on receipt of your bill.

Your prompt attention to this matter will be greately appreciated.

Faithfully yours,

Gloss

expiration date 유효기간
extend 연장하다
process 가공하다
subcontractors 하청기업
incur (손해 등을) 입다
ingredient 재료, 구성부분
permissible 허용할 수 있는

Model Letter 4. Request for Extension of Shipment

Dear Sirs,

We regret to inform you that it is impossible to complete shipment during July of your order No.113.

In fact, a terible typhoon struck this part of the country on the 20th of this month and our manufacturer suffered serious damage, making it impossible to ship within the validity of L/C which expires on the 30th of July.

Under this circumstances, we hope you will agree to extend the shipping date until the 30th August.

Though the delay is beyond our control, we are no less sorry for it, and will do our utmost to expedite manufacture. The expected date of shipment will be around the 15th August.

We trust that you will understand the situation and hope that you will accept our request.

Your kind arrangement to this matter will be much appreciated.

Yours very Faithfully,

Gloss

beyond our control 당사로서는 어쩔 수 없는, 불가항력의
expedite manufacture 제조를 서둘다
no less 그래도, 역시, 그런데도

Model Letter 5-A. Request for confirmation of confirming bank

Gentlemen :

We have received your recent letter informing us of an opening of a letter of credit. We were surprised at the same time that the L/C would be opened by a bank whose name is totally unknown to us.

Although we thank you for prompt attention to this matter, it is regrettable that you did not comply with what has been agreed upon despite our repeated reminder. We have to say that the bank you mentioned in the letter is not acceptable. We, therefore, ask you to let us appoint one of our bankers here to have them confirm the L/C in particular. This would be the most appropriate method thinkable under the circumstances where time is most important.

Since the opening of the credit was done without our consent and against the good faith, we would request that the confirmation fee be borne by you.

Please let us hear from you by the end of this month. Thank you very much for your attention in advance.

Faithfully yours,

Gloss

mutually acceptable bank 상호간에 용인되는 은행
repeated reminder 수차례의 조언
appropriate method 적절한 방법

Model Letter 5-B. Reply to the foregoing

Gentlemen :

Regarding the confirmation of the L/C No. 234, we would like you to understand that the bank we approached for the issuing of the credit is the most locally accessible bank to us of all commercial banks in this country.

The other reasons why we used the Gwangju Bank was that, firstly being our bankers they would take far lesser time until the credit is issued and secondly their credit is one of the best among banks of compatible credit standing.

We would admit, however, that the Gwangju Bank may not fully satisfy such a rigid credit status of the internationally qualified bank as we initially agreed. We will, therefore, accept your request as is proposed in your recent correspondence on condition that half of the confirmation fees that your bank will charge will be borne by you.

We hope that you would accept our counter-request appreciating extremely inconvenient locality we are located and good profit potentials that our business will bring.

Faithfully yours,

Gloss

confirmation of the L/C 신용장의 확인
the most locally accessible bank 가장 현지에서 접근 가능한 은행
satisfy such a rigid credit standing 그와 같이 엄격한 신용상태를 만족시키는
compatible credit standing 적합한 신용상태
on condition that 하는 조건으로

Model Letter 6. Asking for amendment of L/C

Gentlemen :

We have received your L/C covering our order No.246. Thank you very much for your prompt attention and consideration.

We must point out, however, that the name of the goods should read "TM-R11", not "TM-R111". We are sure this must obviously be a mere clerical error committed either on your own side or the bank who opened the credit in your instructions.

Since our Bankers here are so strict that they never tolerate any discrepancy between what the L/C states and what our shipping documents describe. It might be possible to meet the discrepancy by our submitting a letter of indemnity since this is not a case of material importance. However, we believe that amendment of the credit precedes any expedient.

Under the circumstances, please contact the opening bank for correction, and let us know when we will be able to receive the amendment so that we can keep our bankers properly informed. Thank you very much.

Faithfully yours,

Gloss

clerical error 사무적인 실수
committed either in your own side or the bank 귀사 측 혹은 은행 측에 의해 저질러진
never tolerate any discrepancy 어떠한 불일치도 관대하게 다루지 않는다
a letter of indemnity 파손화물보상장
material impotance 중요한 의미
amendment of the credit precedes any expedient 신용장의 수정이 어떠한 편의적 조치보다도 우선한다

Model Letter 7. Request for extension of the sight of the draft

Gentlemen :

We are happy to know that there has been a continuous growth of trade volumes between us. With Christmas season in sight, we expect a slightly better business climate ahead of us.

As you know, our business has been done on an L/C at sight basis. You are also well aware that we accepted the sight of the draft on condition that the usance would be reviewed after lapse of one year or when the volume of trade has grown to the amount we initially agreed upon, whichever comes earlier.

We would like you to consider an extension of the draft up to 90 days after sight, which will be applied for contracts to be signed from the first day of January 2021. We are confident that the volume of trade has grown satisfactorily enough to justify such financial favor. The extended usance will convenience us a lot.

Your kind attention to our request will be much appreciated, and we look forward to a favorable reply in this matter.

Faithfully yours,

Gloss

an L/C at sight 일람불 어음을 기반으로 한 신용장
to be applied for contracts to be signed from ~로 부터의 계약에 적용 될
justify 정당화 하다
financial facility 재정적 편의

Model Letter 8. Request for shift from dollar to won-based business

Gentlemen :

As you are well aware of the recent appreciation of the Korean won is out of ordinary both in speed and impact on all exporters of dollar-denominated business.

The purpose of this letter is not to deplore the currency situation but to explore the possibility of continuing our long-standing business on a mutually favorable basis. In fact, we are standing at a very risky situation where our export business to you is very marginal which produces virtually no margin of profit.

Although this may be too large a favor to ask, we would like you to consider if it is possible on your side to partially revise the currency basis from dollars do the won. We would like you to understand that minimum 50% of invoice amount for the contracts dated on or after January 1, 2021 needs to be based on the new currency basis.

If this request is not accepted, we will have to admit, though very reluctantly, that we will no longer financially be able to continue doing business with you. We trust, however, that you would accept this proposal in appreciation of past concession we had made to help you out of the financial difficulties you encountered more than once.

We are looking forward to your kind study on our proposal. Thank you for your consideration in advance.

Very truly yours,

Gloss

out of ordinary 예외적인, 이상한, 보통이 아닌
appreciation 평가
dollar-denominated business 달러 기반 거래
deplore the currency situation 통화정세를 한탄하다
on mutually favorable basis 상호간에 호의적인 베이스로
admit 인정하다
financially not able 재무적으로 가능하지 않다
in appreciation of past concessions 과거의 양보를 평가하여
in advance 미리

(Model Form 1) Export Letter of Credit

ABC BANK, New York
Irrevocable Letter of Credit

No. 1000
Date August 10, 2021
U.S. $ 9,760,00

HONAM TRADING CO., LTD.
Yeosu, Korea

Gentlemen :
We hereby establish our irrevocable letter of credit in your favor for account of New York Trading Co., Inc., New York for a sum or sums not exceeding U. S. $ 9,760.00 (U.S. Dollars Nine Thousand Seven Hundred and Sixty Only) valid in Yeosu until October 30, 2021 and available by your drafts at sight drawn on us accompanied by

Commercial Invoices in triplicate

Negotiable Insurance Policy or Underwriter's Insurance Certificate in duplicate for 10% over the CIF value covering All Risks and War risk from Gangyang Port to New York U.S.A. payable in U.S. Dollars in New York.

Full set of clean on board bills of lading. made out to order of shipper and blank endorsed, marked notify New York Trading Co., Inc., New York, evidencing shipment of following commodities from Gangyang to New York, dated not later than September 30, 2021.

Commodities : Cotton Undershirts 1,600 doz. at U.S. $ 3.00 per doz. and 1,600 doz. at U.S. $ 3.10 per doz. CIF New York.

Transshipment is not allowed.

Partial shipments are permitted.

Draft drawn under this credit must bear the clause "drawn under Letter of Credit ABC Bank, New York, No. 1000 dated August 10, 2021."

The negotiating Bank must forward documents to us in two separate airmail. The amount of any draft drawn under this credit must concurrently with negotiation, be endorsed on the reverse hereof and the presentation of any such draft shall be a Warranty by the negotiating bank that such endorsement has been made and that the documents have been forwarded as herein required.
We hereby agree with the drawers, endorsers and bona fide holders of draft drawn under and in compliance with the terms of the credit that the said drafts will be honored by us on presentation.

Yours faithfully,
ABC Bank, New York

Unless Otherwise stated herein, this credit is "Subject to Uniform Customs and Practice for Documentary Credits 2007 Revision, International Chamber of Commerce, Publication No. 600"

(Model Form 2) Bill of Exchange

BILL OF EXCHANGE

No. (1)9406
(3)Yeosu, (4)September 13, 2021

For (2)US $ 125, 400.00

AT (5)- - - - - - - - - **SIGHT OF THIS FIRST BILL OF EXCHANGE (SECOND BEING UNPAID) PAY TO THE GWANGJU BANK, LTD. OR ORDER THE SUM OF** (6)DOLLARS ONE HUNDRED AND TWENTYFIVE THOUSAND FOR HUNDRED ONLY IN THE UNITED STATES CURRENCY * * * * * * * * * * * *
VALUE RECEIVED AND CHARGE THE SAME TO ACCOUNT OF (7)New Zealand Wire Industries Limited, Private Bag, New Plymouth, New Zealand
DRAWN UNDER (8)Bank of Oceania (N.Z.) Limited, New Plymouth, New Zealand
L/C NO. (9)640/155 **DATED** (10)April 28, 2021.
To (11)Bank of Oceania (N.Z.) Limited
63 wall street
New York, NY 10005 U.S.A

Revenue
Stamp

(12)YEOSU MACHINE SALES, LTD.
(Signed)
Director

Gloss

환어음의 작성요령
(1) 어음번호. 발행인인 수출자의 임의대로 함
(2) 결제통화와 숫자의 어음금액
(3) 어음의 발행지. 수출자의 소재지의 도시명을 기입한다.
(4) 발행일. L/C의 경우는, B/L Date 이후로, L/C의 Expiry Date 이전의 발행일

(5) 어음의 기한(tenor). 계약 또는 L/C에 명시된 어음기한. Sight Draft의 경우는, At과 sight 사이의 점을 연결한다. 일람 후 90일 지급이라면, At 90 days after sight 또는 90 days 라고 기입한다.

(6) 결제통화와 문자의 어음금액. 어음금액은 매우 중요한 것이므로, 숫자와 문자를 기재하고, 만일 불일치할 경우에는 문자금액이 우선 된다.

(7) Drawee가 은행인 경우는 Applicant의 성명을 기입한다. Drawee가 Applicant인 경우는 공백으로 한다.

(8) 신용장의 발행은행명.

(9) 신용장번호.

(10) 신용장개설일. D/P, D/A의 경우에는 (8), (9), (10)은 공백으로 한다.

(11) 어음수취인. 어음금액의 지불자이다. L/C의 경우는 개설은행이나 개설의뢰인으로, Drawn on 뒤에 명기한다. D/P, D/A의 경우는 어음수취인이 수입자이다. 2행에는 어음수취인의 소재하는 도시명, 3행에는 국가명을 기입한다.

(12) 어음발행인. 환어음은 역수표이기 때문에, 어음발행인은 언제나 수출자이다.
어음의 문언은 수출자가 매입은행에서 어음을 매입을 받은 후, 어음수취인에 대해 서술하고 있는 지급요구서에는 다음과 같은 내용이 있다.
「본 환어음의 제1권(같은 어음기한 및 발행일의 제2권이 미지급의 경우에 한)을 일람하는 대로 (또는 일람 후 몇 일 후에), 매입은행 또는 그 지시인에게 어음금액을 지불한다」

(Model Form 3) Advice of Correspondent's Irrevocable Credit

KOREA EXCHANGE BANK

SEOUL, KOREA

ADVICE OF CORRESPONDENT'S
IRREVOCABLE CREDIT Date : ____________________
No. ______________ Our Advice No. :

We reserve the right to make such amendments to this advice as may be necessary upon receipt of mail confirmation and assume no responsibility for any errors and/or omissions in the transmission and/or translation of the cable.

Gentlemen :

We are requested by ________________________________
to advise you that _______ have/has opened irrevocable credit in your favor for account of _________ for the amount of ______________________
available by your draft(s) on
to be accompanied by :
Signed commercial invoice in _____ copies
Full set of clean on board ocean Bill of Lading made out to the order of ___ and blank endorsed and marked "Freight ________" and Notify __________
Marine Insurance Policy or Certificate in ______ endorsed in blank, for 110% of invoice value, Insurance must include :
Other documents :
Evidencing shipment from _______ to _______ of _______________
Special Instructions :
Partial shipments are _________ Transshipments is _______________
Shipments(s) must be effected not later than ____________________
Draft(s) must be negotiated not later than ______________________
All drafts so drawn must be marked "DRAWN UNDER _______________"
and the amount of any draft drawn under this credit is to be endorsed on the reverse hereof by the negotiating bank.

The above opening bank engages with the drawers, endorsers and bona fide holders of drafts drawn under and in compliance with the terms of this advice that such drafts shall be duly honored on delivery of documents as specified.

This letter is solely an advice of credit opened by the above mentioned correspondent and conveys no engagement by us.

Very truly yours,

KOREA EXCHANGE BANK

예제) 아래를 참조하여 위 (**Model Form 3**)의 밑줄 친 곳을 채우시오.

1. **Opening Bank** : First Natonal City Bank, New York
2. **Applicant** : American Trading Co., Ltd., New York, U.S.A.
3. **Beneficiary** : Korean Trading Co., Ltd., Seoul, Korea
4. **Advising Bank** : Korea Exchange Bank, Seoul, Korea
5. **L/C No.** : C120
6. **L/C Amount** : $25,000
7. **Opening Date** : 2021. 11. 5
8. **Advising Date** : 2021. 11. 10
9. **Latest Shipping Date** : 2021. 12. 12
10. **Expiration Date** : 2021. 12. 31
11. **Port of Shipment** : Gwangyang, Korea
12. **Port of destination** : New York, U.S.A.
13. **Description of goods** : 300 dozens of Silk Blouse
14. **Freight** : Payable at destination
15. **Notify Party** : accountee

Useful Expressions

1. We would like you to understand that we do not open a letter of credit for this particular business transaction, as the volume is too small to do so.

2. We would like to extend the time of shipment and the validity of the credit to March 10 and March 31 respectively.

3. We would like to point out that our bankers are so strict in extending credit and such amendment will be totally unacceptable.

4. We would like to point out that the bank with whom we arranged opening of the L/C is one of the most reputed local banks here, whose credit is outstanding even measured by any international standards.

5. We would like you to arrange for a letter of credit to be opened by the First Credit Bank of New York. Should you have any other bank in mind, please let us know accordingly.

6. The bank which opened the letter of credit in your favor is one of the most internationally reputed banks, and we are confident that their credit standing is second to none.

7. Why should we bear the confirmation fee on top of the opening cost of the L/C? If you still insist, we will have to reconsider the business relationship between you and us all over again.

8. Our bankers are so strict that they will not overlook the slightest discrepancy between descriptions on the shipping documents and those on the L/C.

9. The greatest merit of the draft at 60 days after sight is that the bill enables importers to dispense with otherwise necessary import financing including submission of a Trust Receipt.

10. A draft at sight is far less convenient than that at 60 days after sight on the part of importers. The former practically demands us to pay while the order is still in transit; the latter allows us roughly two months grace period for payment.

Put into English

1. 당사를 수익자로 하여 미화 25,000 달러의 신용장을 개설해 주시기 바랍니다.

2. 각 주문에 대하여 당사는 거래은행을 통하여 귀사를 수익자로 하는 취소불능 신용장을 개설하였습니다.

3. 이 주문의 대금결제를 위해 당사는 한국외환은행에서 귀사를 수익자로 하여 2,500달러에 대하여 5월 31일까지 유효한 취소불능 신용장을 개설하였습니다.

4. 귀사가 예정하고 있는 은행은 당사로서는 잘 알지 못하기 때문에, 가능하면 다른 은행에서 수배해 주시바랍니다.

5. 당사 공장의 제조지연은 천재로 인해 발생한 것이기 때문에, 1개월의 선적지연을 인정해 주시고, 또한 신용장의 유효기간도 이와 같이 연기해 주신다면 다행이겠습니다.

6. 제품명은 MS 500이고 MS 550이 아닙니다. 이와 같이 제품명을 정정해 주십시오. 다음부터는 문언이 틀리지 않도록 부탁드립니다.

7. 유감스럽게도 9월에 선적하지 못하였습니다. 이것은 신용장이 아직 도착하지 않았기 때문입니다. 이것을 조속히 처리해 주십시오.

8. 당사로서는 벌써 거래를 시작한지가 10년이 넘게 경과되었기 때문에, 신용장 거래대신 D/A나 D/P조건으로 바꿔주셨으면 합니다.

9. 환이익이 생겼을 경우는 당사에 아무런 이득도 없고, 환차손이 생겼을 때만 절반을 당사에 요구하는 것은 공정하지 않다고 생각합니다.

10. 당사로서는 어음의 일람을 60일로 하는 것에는 이견이 없습니다만, 그 기간에 일어날 금리 부담은 귀사에서 부담해 주셨으면 합니다.

제4장 무역운송과 해상보험

제1절 무역운송

1. 해상운송

해상운송, 즉 해운이란 해상에서 선박을 수단으로 하여 상업적 목적하에 화물 및 여객을 운송하는 것을 말한다.

해상운송은 선박의 운항형태에 따라 정기선 운항, 부정기선 운항 및 특수전용선 운항 등으로 구분되며, 이들 운항에 투입된 선박을 각각 정기선, 부정기선 및 특수전용선이라고 한다.

해상운송계약은 선박회사(선주)와 송화인(화주)간에 체결되는 것으로서, 화물의 성질, 수량, 포장상태에 따라 개품운송계약(contract of affreightment in a general ship), 용선운송계약(contract of carriage by charter party)의 형태로 계약이 체결된다.

2. 선적서류

1) 선적서류의 작성

수출화물의 선적통지서를 발송함과 동시에 수출업자는 신용장에 명시된 조건에 따라서 필요한 서류를 마련하여 화환어음을 취결한다.

수출화물의 선적과 계약이행의 증명이 되는 선적서류(shipping documents)는 주요서류와 부대서류로 분류된다.[3)]

3) 大崎正瑠, 「基本貿易取引」, 白桃書房, 1991, pp.205-206.

(1) 주요서류

① 운송서류(transport document)

② 보험증권(insurance policy)

③ 상업송장(commercial invoice)

(2) 통상 첨부하는 서류

① 포장명세서(packing list : P/L)

② 용적중량증명서(certificate and list of measurement and/or weight)

(3) 기타서류

① 영사송장(consular invoice)

② 세관송장(customs invoice)

③ 원산지증명서(certificate of origin : C/O)

⑤ 검사증명서(certificate of inspection)

⑥ 분석증명서(certificate of analysis)

⑦ 검역증명서(certificate of quarantine)

⑧ 위생증명서(certificate of health)

⑨ 품질증명서(certificate of Quality)

2) 선적서류의 종류

(1) 선화증권(Bill of Lading)

해상물품운송은 일반적으로 운송기간이 장기간에 걸치기 때문에 운송물품의 수령이나 권리의 양도를 위하여 주로 선화증권이 이용되고 있다.

선화증권이란 화주와 선박회사간의 해상운송계약에 의해 선박회사가 발행하는 유가증권(有價證券)을 말한다. 즉 선화증권은 선박회사가 화주로부터 화물운송을 위탁받은 사실과 화물을 목적지까지 운송하여 이를 선화증권의 소지자에게 인도할 것을 약속하는 증권이다. 통상 송화인이 운송계약을 체결하고 화물을 본선에 선적하여 선장으로부터 본선수취증(M/R)을 발급 받아 이것을 운임과 함께 선박회사에 제출하면 선화증권을 발행 받게 된다.

송화인이 선박회사로부터 무사고선화증권(clean B/L)을 발행받지 못하고 사고부 선화증권(foul or dirty B/L)을 발급받아 제출하면 은행으로 선적서류 수리를 거부 당하게 된다. 이 경우 송화인은 파손화물보상장(letter of indemnity; L/I)을 선박회사에 제출하여 무사고선화증권을 발급받게 된다. 이 보상장은 파손된 화물에 대하여 모든 책임을 지겠다고 화주가 선박회사에 제출하는 일종의 각서이나, 보상장을 허용하지 않는 해운동맹도 있고 보상장은 법적으로 무효라는 판례도 있다.

선화증권은 무역거래에서 필수적인 운송서류로서 다음과 같은 기능을 갖는다.

① 선화증권은 선적된 화물의 수취증(receipt of goods)이다.

② 선화증권은 운송인과 화주간에 운송계약(contract of carriage)이 체결되었다는 사실을 입증하는 증거서류이다.

③ 선화증권은 증권상에 기재된 물품을 대표하는 권리증권(documents of title)이다.

수입화물이 도착하면 선박회사는 수화인에게 정식배서(duly endorsed)한 B/L을 제출하고 화물인도지시서(delivery order)를 받아 화물을 찾아가라는 화물도착통지서(Arrival Notice)를 보낸다. 그러나 해당 B/L이 화물보다 늦게 도달하는 경우가 자주 있기 때문에 이런 경우에는 눈앞에 화물을 두고 화물을 인수하지 못하게 된다.

따라서 이러한 불편을 제거하여 B/L이 없이도 수화인으로 하여금 화물을 선취득할 수 있게 하는 편법이 국제적으로 용인되어 있으니, 이것이 바로 화물선취보증장(letter of guarantee; L/G)에 의한 방법이다. 이는 수입업자인 수화인이 화환 관계은행의 보증을 받아 L/G를 관계 선박회사에 제출하여 일단 화물을 선취득하고, 해당 B/L이 입수되는 대로 선박회사에 동 B/L을 제출한다는 書狀이다.

(2) 해상보험증권(Marine Insurance Policy)

해상보험은 해난 또는 항해에 관한 사고로 인하여 발생하는 손해를 보상받는 손해보험의 일종이다. 보험계약에서 보험자는 해상위험을 담보하며 손해가 발생할 경우 피보험자에게 그 실손해를 보상할 것을 약속하고 그에 대한 보험료의 징수와 더불어 보험증권을 교부한다.

(3) 상업송장(Commercial Invoice)

상업송장이란 매매 또는 위탁계약에 의한 물품의 수수가 원격지간에 이루어질 때, 그 물품의 송화인으로부터 수화인에 대하여 송화의 특성, 내용의 명세, 계산관계 등을 상세하고 명확하게 알리기 위하여 작성하는 서장이다. 상업송장의 특성은, 거래상품에 관한 중요사항을 상세히 기입한 송화의 명세서이고, 그 상품의 대금 및 제비용 등 주요 가격구성 요소를 상기한 계산서 겸 대금청구서이며, 수화인측에서 보면 수입화물에 대한 매입서(買入書)이기도 하다.

한편 송장에는 직접 상거래용으로 작성하는 상업송장과 영사관이나 세관용으로 작성하는 공용송장(Official Invoice)이 있다. 현재 관용되고 있는 공용송장에는 수출국에 주재하는 수입국영사가 증명하는 영사송장(Consular Invoice)과 다만 수입국 세관에 제출할 목적으로 작성하는 세관송장(Customs Invoice)이 있다.

(4) 원산지증명서(Certificate of Origin)

이는 수출화물이 해당 수출국에서 생산 또는 제조되었다는 것을 증명하는 공문서로서 보통 수출국 주재의 수입국영사 또는 수출국의 상공회의소가 작성하고 발급한다. 대부분의 나라에서 관세상의 특혜를 공여하거나 특정국의 상품의 수입을 막기 위해서 해당 상품의 원산지를 증명할 수 있는 원산지증명을 요구하고 있다.

(5) 포장명세서(Packing List)

상업송장에 첨부되는 명세서류의 일종이다. 수입통관에 절대적으로 필요한 서류로서 세관에 반드시 제출해야 한다. 선적화물의 포장방법, 단위포장당 개수, 중량, 용적 등은 송장만으로 충분하지 않으므로 보통 수입업자의 편의를 위하여 선적서류에 동봉하여 발송한다.

(6) 검사증명서(Inspection Certificate)

상품이 완전하다는 것을 증명하는 서류로서 이는 매도인의 부정을 방지할 목적으로 요구되는 경우가 많다. 특정 검사기관 또는 해외 수입업자가 지정한 기관에서 작성한다.

(7) 중량용적증명서(Certificate and list of measurement and/or weight)

상품의 중량용적에 관한 명세서로 송장에 총괄적으로 표시한 것을 보완하여 상세하게 기재한 것이다. 보통 검량인에 의해 발행된다.

3. 국제복합운송

컨테이너(container)는 육로, 해로, 공로상의 모든 과정에서 화물의 수송도중 이적(移籍)없이 일관운송을 실현시키는 규격화된 운송용기이다. 이러한 컨테이너에 화물을 적재하여 목적지까지 흐트러짐 없이 일관되게 운송하는 시스템을 일반적으로 컨테이너운송이라고 한다.

복합운송(combined transport or multimodal transport)이란 특정화물을 운송인이 전운송구간에 대하여 책임을 지고 최종목적지까지 육·해·공 가운데 두 가지 이상의 운송형태를 결합하여 일관운송하는 방식을 말한다.

복합운송의 경우 반드시 컨테이너를 이용하여야 하는 것은 아니나, 수송의 효율성을 높이기 위해서는 컨테이너를 이용하는 것이 더 유리하다. 복합운송 중에서도 실제로 가장 많이 이용되는 것은 해·육복합운송시스템인데, 이는 단일운임에 의한 유통비용의 절감과 컨테이너에 의한 Door to Door System의 일관운송이라는 두 가지 측면이 결합되어 이루어진 것이다.[4]

제2절 해상보험

1. 해상보험의 정의

해상보험이란 해상운송 도중에 일어나는 사고에 대해서 보험자가 보험금의 지급을 통해 손해를 보상하여줄 것을 약속하고, 피보험자는 그 대가로서 보험료를 지급할 것을 약속하는 손해보험의 일종이다.

국제물품매매의 당사자는 원거리에 있는 매수인의 소재지까지 운송도중에 많은

4) 전창원, 「신무역실무」, 일신사, 1994, p.672.

위험에 직면하게 된다. 이 중에서 중요한 위험은 해상위험이고 해상보험은 피보험자를 이 해상위험으로부터 보호하는 것이 목적이다.

해상보험에서 말하는 위험이란 우연한 사고이며 우연이란 그 발생이 가능하지만 불확실한 것을 말한다.

2. 해상보험의 중요용어

1) 해상보험의 당사자

(1) 보험자(insurer)

보험계약을 체결할 때 보험계약자에 대비되는 한쪽의 당사자이고 보험사고가 발생할 때에 보험금지급의 의무를 부담하는 자이다. 보험자는 물품의 해상운송 중에 발생하는 위험을 인수하고 이들 위험에 기인한 손해가 발생하였을 경우 피보험자에게 그 손해액을 보상할 것을 계약하고 그 보수로서 보험계약자로부터 보험료를 지급 받는다.

(2) 보험계약자(policy holder) 및 피보험자(insured)

보험계약자는 보험회사와 보험계약을 체결하고 보험료를 지급하는 자를 말한다.

피보험자는 피보험목적물에 대하여 경제적 이해관계, 즉 피보험이익을 갖고 이 피보험재산에 손해가 발생하면 보험자로부터 보상을 받는 자를 말한다.

(3) 보험대리점(insurance agent)

보험대리점은 보험계약의 체결을 대행한다. 보험대리점의 자격은 보험업법에 규정되어 있으나 우리나라에서는 해상보험의 대리점제도가 발달되어 있지 않아 피보험자(보험계약자)가 직접 보험회사와 협의하여 보험계약을 체결하고 있다.

(4) 보험중개인(insurance broker)

우리나라에는 보험중개인제도가 없다. 유럽, 특히 영국에서는 보험자 및 보험계약자 또는 피보험자 사이에서 보험계약체결을 매개하는 사람을 보험중개인이라고 부른다.

2) 피보험목적물(subject-matter insured)

위험에 대하여 멸실·손상(loss or damage)을 받을 우려가 있는 대상물을 피보험목적물 또는 보험목적물이라고 한다. 즉 피보험목적물이란 보험사고가 발생하는 객체를 말하고 해상적화보험에서는 화물이 이에 해당한다.

3) 피보험이익(insurable interest)

보험에는 반드시 피보험자가 보험의 목적물과 재산상의 이해관계가 있어야 하며, 이런 재산상의 이해관계를 보호함으로써 특정인이 갖게 되는 이익을 피보험이익이라고 한다.

4) 보험가액(insurable value)과 보험금액(amount insured)

보험가액이란 피보험이익에 대한 주관적 이해관계를 객관적으로 평가한 금액으로서 구체적으로 적화, 선박, 운임 등 피보험목적물의 경제적 가치, 즉 보험사고가 발생한 경우에 피보험자가 입게 되는 손해액의 최고한도액을 뜻한다.

보험금액이란 보험계약 체결시 피보험자가 실제로 보험에 가입한 금액으로서 보험자의 입장에서는 손해배상의 최고책임한도액이 된다.

5) 보험금(claim amount)

보험금은 담보위험에 의하여 손해가 발생한 경우 보험자가 피보험자에게 지급하는 금액으로 손해보상액을 말한다.

6) 보험료(insurance premium)

보험료는 보험자가 담보위험에 의하여 피목적물에 손해가 발생했을 경우 피보험자에게 보험금을 지급하겠다고 확약한 대가로 보험계약자에게서 받는 대금으로서, 보험계약 성립의 기초가 된다.

7) 위험(risk)

위험(perils or risk)이란 재해 또는 사고를 말한다. 우연적으로 발생하는 위험이 보험의 대상이며 필연적으로 발생하는 위험은 보험의 대상이 아니다. 해상위험은 항해에 기인하고 항해에 부수하여 발생하는 사고를 말한다. 해상위험에는 보험자가 담보할 수 있는 위험과 담보할 수 없는 위험이 있다.

8) 담보와 보상(to cover & to pay)

보험자가 손해발생의 가능성, 즉 위험을 부담하는 것을 일반적으로 담보(cover)한다고 말하며, 위험의 발생에 의해서 생긴 손해를 부담 또는 지급하는 일을 보상(pay or indemnity)한다고 말한다.

3. 해상보험증권

1) 해상보험증권의 양식

현재의 해상보험증권의 신양식은 기존의 해상보험증권에 있던 본문 약관 중 주요 내용은 협회 적화보험약관(institute cargo clause)에 포함시키고, 나머지 본문약관과 이태릭서체약관(italic clause) 및 난외약관(欄外約款; marginal clause) 등은 모두 삭제됨으로써 매우 간결하게 되어 있다.

2) 해상보험증권의 기재사항

(1) 피보험자의 성명(name of assured)

보험증권의 첫 번째 난에는 피보험자 또는 피보험자의 대리인이 성명을 기재하게 되는데, 대부분 매도인이 매수인을 위해 보험을 수배해 주는 관계상 중개인인 매도인이 피보험자의 대리인으로 기재된다.

(2) 선적항과 도착항(port of shipment & destination)

보험증권상에는 “at and from”으로 되어 있어 from 다음 출발항(선적항)을 그 다음의 “arrived at”난에 도착항을 기재하여 두 항구간의 운송을 보험한다는 뜻이 된다.

(3) 선박명(name of vessel)

Ship or Vessel난에는 항해를 할 선박명을 기재하게 되며, 선박의 명칭과 상태는 해상 위험에 직접 관계가 있는 것이므로 내항성을 가지고 있는 것이어야 하며, 선명의 기재에 있어서도 기선의 경우에는 선명 앞에 SS(steam ship), 동력선의 경우에는 MS(motor ship)라 기재하여야 하며, 해상운송화물이 도중에서 환적되는 경우에는 제1선과 제2선을 병기하여야 한다.

(4) 보험금액(insured amount)

보험증권의 "Amount Insured Hereunder"란에는 보험자와 보험계약자가 합의한 피보험 목적물의 보험평가액을 보험금액으로 정하여 이를 기재하여야 한다.

(5) 피보험 목적물

해상보험에 있어서 피보험 목적물은 주로 적화(cargo), 선박(hull) 및 운임(freight) 등이다. 적화보험의 경우에는 해당 상업송장이나 선화증권상에 기재된 화물을 표시하여야 한다.

3) 본문약관(body clause)

(1) 준거법약관

이 약관은 모든 해상보험의 클레임에 대한 보험자의 책임 유무와 클레임의 정산에 관한 사항은 영국의 법률과 관습에 따르도록 규정한 것이다.

(2) 타보험약관(other insurance clause)

이는 본 해상보험증권하의 보험계약이 다른 해상보험이나 화재보험과 중복관계에 있는 경우, 본 보험증권에서는 그 손해를 전액 보상하지 않고 다만 다른 보험증권에 의하여 보상될 금액을 공제한 나머지 손해부분에 대해서만 보상한다는 내용이다.

(3) 약인약관(consideration clause)

이 약관은 피보험자가 보험료(premium)를 지급하여야만 보험금을 지급 받을 수 있음을 규정한 것이다.

(4) 선서약관(attestation clause)

보험증권의 가장 하단에 보험자, 즉 해상보험회사의 이름, 보험증권의 발행 연월일 및 작성지 등이 기재되어 있는데 이는 해상보험계약을 체결한 증거로서 보험회사의 책임자가 보험증권에 서명하였음을 나타내는 것이다.

4. 협회적화약관

1) 종래의 보험조건

(1) 전손담보

전손담보조건(Total Loss Only : TLO)이란 피보험목적물이 전손되었을 경우에만 손해를 보상하는 조건이며 분손, 즉 공동해손이나 단독해손의 경우에는 보상하지 않는 조건으로서 실제로는 거의 이용되지 않고 있다.

(2) 분손부담보

분손부담보조건(Free from Particular Average: FPA)이란 피보험목적물의 전손의 경우는 물론이고 분손중 공동해손의 경우와 손해방지용·구조비·특별비용·특정분손 등의 손해를 보상하는 조건으로서 단독해손 이외의 모든 손해를 보상하므로 단독해손부담보조건이라고도 한다.

(3) 분손담보

분손담보(With Average: WA; With Particular Average: WPA)란 피보험목적물의 전손과 공동해손은 물론이고, 단독해손에 의한 손해까지도 보상해 주는 조건을 말한다.

(4) 전위험담보

전위험담보조건(All Risks : A/R)이란 항해에 관한 우연한 사고로 발생한 모든 손해를 포함하는 보험조건으로서, 이 경우 보험료가 가장 고율이며 손해 보상의 범위가 넓다. 그러나 전쟁위험·파업·폭동위험은 제외되며, 특히 화물고유의 하자 또는 성질에 의한 손해와 수송지연으로 인한 멸실·손상 또는 비용은 제외되는데, 이 조건의 주요한 추가보상범위는 다음과 같다.

- Bending and/or Denting : 굴곡·눌린자국 손해담보
- Breakage, Leakage, Shortage : 파손·누손·부족위험담보
- COOC(Contact With Oil and/or Other Cargo) : 유류 또는 타물과의 접촉손담보
- Hook & Hole : 갈고리 손상담보
- Mould & Mildew : 곰팡이 손상담보
- RFWD(Rain and/or Fresh Water Damage) : 우·담수손담보
- Rat and Vermin : 쥐 및 벌레 손상담보
- Sweat & Heat : 땀 및 열증발 손해담보
- TPND(Theft, Pilferage and/or Non-Delivery) : 도난·발하·불착위험담보
- WOB(washing overboard) : 갑판상유실손상담보

2) 개정 보험조건

(1) 협회적화약관 A Clauses

ICC(A)는 종래의 보험조건 중 전위험담보조건(A/R)과 유사한 조건으로서 명칭만 변경되었을 뿐이고 실질적인 내용상의 차이점은 별로 없다.

(2) 협회적화약관 B Clauses

ICC(B)는 종래의 보험조건 중 분손담보조건(WA)의 담보위험이 명확하지 않았던 점을 보완하여 보험자가 보상하여야 할 담보위험을 구체적으로 열거함으로써 피보험자가 담보위험의 범위를 쉽게 이해할 수 있도록 하였다.

(3) 협회적화약관 C Clauses

ICC(C)는 보상범위가 가장 제한된 보험조건으로, 종래의 보험조건 중 분손부담보조건(FPA)과 담보위험이 유사하다.

그 외에 협회전쟁약관(institute war clauses; cargo)과 협회동맹파업약관(institute strikes clauses; cargo)이 있다.

5. 해상손해

1) 전손

적화보험에 있어서 전손은 피보험이익을 구성하는 피보험목적물인 화물이 전체로서 물리적 또는 경제적으로 그 가치를 상실한 것을 말하는데, 화재로 인하여 완전소실되어 화물 자체의 형태가 없어져 버린 경우, 경제적으로 원래의 가치를 회복하는 것이 전혀 불가능하게 된 경우 등이다.

2) 단독해손

단독해손 또는 단독해손 손해(particular average loss)란 "피보험위험으로 인하여 일어난 피보험목적물의 분손이며 공동해손(손해)이 아닌 것을 말한다"고 정의되어 있다.[5] 분손(partial loss)이란 피보험목적물이 담보위험에 의하여 손해를 입었을 때 그 손해의 정도가 일부분의 손해에 지나지 않는 경우를 말한다.

3) 공동해손

공동해손의 본질은 선박, 적화, 운송비가 공동의 위험에 직면하였을 때 이 위험을 면하기 위하여 선장 또는 선장대리인이 피보험목적물에 대하여 고의 또는 합리적으로 가한 이례적인 희생적 조치에 의하여 발생한 손해 또는 피보험목적물에 관하여 정당하게 지출한 이상(異常)비용이 있는 경우에, 이들의 희생 또는 비용이 이것 때문에 구조된 재산(선박, 적화, 운송비)에 의하여 부담되는 것을 말한다.

5) 영국해상법 제64조 (1).

Model Letter 1-A. Shipping Advice

Gentlemen :

We are pleased to inform you that your Order No. ITC-7533 of 1,000 units of Model TM-R11 have been shipped on board the S/S "LEESOONSHIN" of Daehan Line which is scheduled to leave Gwangyang, Korea on October 15, and is due to arrive at Manila on October 22.

You will find enclosed copies of the shipping documents covering your order as follows:

Commercial Invoice	1
Bill of Lading	1
Marine Insurance Policy	1
Packing List	1
Certificate of Origin	1

Please note that we have drawn a draft on your bank at 60 d/s for the invoice amount, under Letter of Credit M-023-508-ES-00223 through the Bank of Woori, Yeochon office. We ask you to accept it upon presentation.

We trust that the goods will reach you in good order and give you complete satisfaction so that you may favour us with further orders.

Very truly yours,

Gloss

S/S 본선의 종류를 나타내는 말로 Steam Ship의 약어. M/V : Motor Vessel
be due to 예정이다
Commercial Invoice 상업송장으로 대금청구서와 상품의 안내서 역할을 하는 서류
Bill of Lading 선하증권(선박회사 발행)
Certificate of Origin 원산지증명서(상공회의소 등이 발행)
further orders 추가 주문

Model Letter 1-B. Shipping Notice

Gentlemen :

Shipment : Order No. 100

We are pleased to advise you that we have shipped your order as below, by S/S "Pacific Bear" of Korea Shipping Corporation which left here today :

ITC SAN FRANCISCO C/# 1-20 Made in Korea	5 cases of Imitation Pearls completing your Order No. 100 of November 9, 2021

We are glad to have completed our service to you, and hope this initial transaction will turn out to be a milestone to our everlastingly prosperous relationship.

In compliance with your request, two non-negotiable copies of the B/L and three copies of shipping invoice are enclosed.

In order to cover this shipment, we have drawn on you at sight through The Bank of Seoul under the L/C No. D1234 issued by the The National Bank of New York, San Francisco, and ask you to honor the draft upon presentation.

We trust that the goods will reach you in good condition and give you full satisfaction.

We look forward to receiving your repeat orders as soon as possible.

Truly yours,

Gloss

turn out (to be) **prove (to be)** ~으로 되다. ~이 판명되다
milestone 이정표 milepost
In compliance with your request 귀사의 요청에 따라서

Model Letter 1-C. Shipment Advice

Dear Sirs,

Shipment : Order No. TMR11-717

We are pleased to confirm our E-mail of 6th November, 2021 informing you that we shipped the following goods on the same day the S.S. "Choiyoung" of the Dongbang Line as per enclosed copies of the relative shipping documents :

K.T.C.	
TMR11-717	100 bundles(72,525 kgs) of
KOREA STEEL	Seamless Carbon Steel Tubes
SHANGHAI	completing your order
# 1·100	No. TMR11-717 of 15th of July, 2021
Made in Korea	

To cover this shipment we negotiated our draft through The Woory Bank, Ltd., Yeochon under the L/C M641581 issued by The Bank of china, Beijing and commend our signature to your kind protection.

We hope the goods will reach you safe and sound in due course of time and are looking forward to your repeated orders.

Yours very truly,

Encls. 3 Commercial Invoices
3 Bill of Lading copies
2 Insurance Policy copies
2 Packing Lists
2 Inspection Certificates

Gloss

to cover this shipment 이 선적품의 대금회수를 위하여
commend our signature please protect / honor our draft upon presentation 어음이 제시되면 바로 지불(혹은, 인수) 해 주십시오

Model Letter 2. Asking for postponement of shipment

Gentlemen :

Your order No. GW7533

We are sorry to inform you that we are unable to effect shipment in full of your order No. GW7533 for 200 cases of Model SR11 since there has been some trouble with the machine control system of our factory.

50 out of the 200 cases you ordered are to be shipped by the beginning of next year as arranged. As to the rest, we have to ask for postponement of shipment till January 5, 2014, and those 150 cases will be sent by the first available air freight leaving Inchon, at our expense. Because of this, we have to ask you to amend the Letter of Credit to reflect this change.

Though the delay is beyond our control, we are no less sorry for it and shall be obliged if you will kindly understand the situation and obtain your clients' consent.

We look forward to hearing from you as soon as possible.

Sincerely yours,

Gloss

to effect shipment 선적을 하다. to make shipment
in full 전부, 전량
the rest 남은 부분
at our expense 당사의 비용부담으로
to amend 수정하다. 내용변경을 하다
inconvenience 불편

Model Letter 3. Information on Shipping Marks

Gentlemen :

Thank you for your E-mail of December 10 inquiring about our packing arrangement and shipping marks.

Each merchandise item is to be wrapped in polyethylene film, six pieces are to be packed in plastic bags and ten bags are to be shipped in a carton box. Please confirm the following shipping marks and number as per your instruction in Order Sheet No. 257.

NIC

OSAKA
Case Number 1 to up
Made in Korea

Your order is in production and shipment is being arranged by an Hanjin Line's vessel in a consolidated container.

Your frank comments are always appreciated.

Sincerely yours,

Gloss

plastic bags 플라스틱 자루(부대)
a carton box 마분지 상자
as per ~와 같이, ~에 의하여
be in production 제조 중이다
a consolidated container 혼재(混載) 컨테이너

Model Letter 4. Application for Insurance Contract

Gentlemen :

We have just received your letter of November 15 and would ask you to effect insurance at the rate quoted, say 0.29 percent, I.C.C.(B) including War Risk, on the goods stated below :

Ten Cases of Dyed Cotton Velveteen, valued at U.S.$ 2,500 going to Manila from Gwangyang by the S/S "Pacific Bear", leaving Busan on or about December 15.

These goods are packed in strong tin-lined wooden cases with iron-hoop, and marked and numbered.

RA

MANILA
NO. 1-10

Please let us have the policy by return.

Yours truly,

Gloss

ask you to effect insurance 부보해 주시기 바랍니다
at the rate quoted 견적한 요율대로
Dyed Cotton Velveteen 염색한 면직벨베트
packed in strong tin-lined wooden cases with iron-hoop 양판을 깔고 쇠테로 묶은 목상자에 포장하다
 # NO. 1-10 화물에 번호를 1에서 10까지 붙인 것으로 화물이 10상자 있다는 것을 말함

Model Letter 5-1. Confirmation of Marine Insurance

Gentlemen :

Thank you for your E-mail of November 5 referring to Marine Insurance for your Order No. 135.

In compliance with your instructions, we have effected insurance against War and S.R.C.C. Risks with the Hyundai Marine & Fire Insurance Co., Ltd. for U.S.$ 53,500 on fifty(50) cases of M.T.B. Parts. Therefore all shipments are to be covered on I.C.C.(A) Clause including War and S.R.C.C. Risks for 110% of invoice value.

Please note that our C.I.P. prices are quoted on the basis of I.C.C.(A) only. So we could effect insurance against War and S.R.C.C. Risks by your account as per Sales Note No. 102.

Your orders have been arranged for shipment by a KAL Freight Cargo to New York. Upon receiving the fright number we will send you the shipping advice by E-mail.

Best regards,

Gloss

in compliance with ~ ~에 따라
instructions 지시
War & S.R.C.C. Risks 전쟁, 파업·내란·폭동의 위험으로 특약이 필요
ICC(A) 협회적하약관의 A조건으로 종래의 전위험담보 조건에 해당
by your account 귀사의 비용부담으로
C.I.P. Carriage and Insurance Paid 운송비·보험료지급 인도조건
shipping advice 선적통지

Model Letter 5-2. Notice of Insurance Effected

Gentlemen :

In compliance with your instructions, we have covered insurance with The Dongbu Marin Insurance Company for U.S.$ 5,000 on a 10 cases Cotton Goods, to be shipped from this port to New York per S.S. "Arirang" on I.C.C(B) terms 3.5% including TPND risks, which is the lowest rate of premium we can procure at present.

Enclosed please find the policy and we shall be obliged if you remit us the amount of the annexed account, $ 500 at an early date.

Regards,

Gloss

TPND Theft and pilferage, Non-Delivery 도난 발하 불착의 위험에 대한 특약의 담보조건으로 부보하였다는 뜻
we can procure at present 현재 마련할 수 있는
shall be obliged if you remit us 송금해 주시면 고맙겠습니다
annexed account 첨부된 계정서

(Model Form 1) Commercial Invoice

SINWOO TRADING CO., LTD.
Seoul, Korea

Invoice NO. 102
February 15, 2021
Bank Certificate No. BC-213

INVOICE of Four(4) Cases of Imitation Pearls shipped per S/S "Pacific Bear" from Gwangyang to New York for account and risk of American Trading Co., Inc., New York, N.Y., U.S.A., by the undersigned against Order No. 101 dated December 1, 2012.

Marks & Nos.	Particulars	Unit Price	Amount
		FOB	
ATC (triangle mark)	Imitation Pearls	Gwangyang	
	S/No. 441 500 doz.	@ $ 1.50	$ 750
New York	〃 451 500 〃	1.80	900
# No. 1-4	〃 465 700 〃	2.00	1,400
Made in Korea	〃 485 800 〃	2.50	2,000
	4 cases 2,500 doz.		$ 5,050
	Export Licence No. LTB-5-11208		
	Net Weight : 104.5 kgs		
	Gross Weight : 315.8 kgs		
	Measurement : 25.5 cft.		

L/C No. D3104 issued by The National Bank of New York, New York.
Draft drawn through The Bank of Woori, Seoul.

SINWOO TRADING CO., LTD.

(Model Form 2) Certificate of Origin

<table>
<tr><td colspan="2">Goods consigned from (Exporter's business name, address, country)</td><td rowspan="2">CERTIFICATE OF ORIGIN

(Combined Declaration and Certificate)
issued by
KOREA CHAMBER OF COMMERCE AND INDUSTRY
Seoul, Republic of Korea</td></tr>
<tr><td colspan="2">Goods consigned to (Consignee's name, address, country)</td></tr>
<tr><td colspan="2">Notify party</td><td rowspan="3">For official use</td></tr>
<tr><td>Port of loading</td><td>Port of discharge</td></tr>
<tr><td>Carrier</td><td>Date of shipment</td></tr>
</table>

BTN	Marks and number of package	Number and kind of package : description of goods	Gross weight or other quantity	Number and date of invoices

<table>
<tr><td>Invoice price :</td><td colspan="2">No. & date of Export License :</td></tr>
<tr><td rowspan="2">Declaration by the exporter
The undersigned hereby declares that the above details and statement are correct : that all the goods were produced in the Republic of Korea.

Place and Date :

Signature :

Signature of authorized signatory</td><td colspan="2">Certification
We hereby certify that the goods specified above have been duly attested as being of Korean origin.

Signature :

Managing Director
Korea Chamber of Commerce and Industry</td></tr>
<tr><td>Date of issue</td><td>Reference No.</td></tr>
</table>

(Model Form 3) Letter of Indemnity

LETTER OF INDEMNITY

November 21, 2021

S.S./M.V. "_________" Voy. No.____________ Sailed ________________

Dear Sirs,

In consideration of your handing us clean Bill of Lading for our shipment by the above vessel as described below, the mate's receipt at which bears the following clause :

We hereby undertake and agree to pay on demand any claim that may thus arise on the said shipment and/or the cost of any consequent reconditioning and generally to indemnify yourselves and/or agents and/or the owners of the said vessel against all consequences that may arise from your action.

Further, should any claim arise in respect of this goods, we hereby authorize you and/or agents and/or owners of the vessel to disclose this Letter of Indemnity to the underwriters concerned.

Your faithfully,

B/L. No.

Marks & Nos.	No. of Pkgs.	Description	Destination

(Model Form 4-1) Bill of Lading

<table>
<tr><td colspan="2">① Shipper</td><td colspan="3" rowspan="4">(회사명)

~ (약관) ~</td><td>⑩ B/L No.</td></tr>
<tr><td colspan="2">② Consignee</td></tr>
<tr><td colspan="2">③ Notify Party</td></tr>
<tr><td>④ Local Vessel</td><td>⑦ From</td></tr>
<tr><td>⑤ Ocean Vessel</td><td>⑧ Voyage No.</td><td>⑪ Flag</td><td colspan="3">⑫ Final Destination</td></tr>
<tr><td>⑥ Port of Loading</td><td>⑨ Port of Discharg</td><td colspan="4">⑬ For transshipment to</td></tr>
<tr><td>⑭ Marks and Numbers</td><td>⑮ No. of Pkgs</td><td>⑯ Kind of Pkgs. Description of Goods.</td><td>⑰ Gross Weight</td><td colspan="2">⑱ Measure-ment</td></tr>
<tr><td colspan="6">⑲ Total number of Packages or unites(in words)</td></tr>
<tr><td>⑳ Freight & charge</td><td>㉑ Revenue tons</td><td>㉒ Rate</td><td>㉓ Per</td><td>㉔ Prepaid</td><td>㉕ Collect</td></tr>
<tr><td rowspan="2">㉖ Rate</td><td>㉗ Freight Prepaid at</td><td>㉙ Freight payable at</td><td colspan="3" rowspan="2">㉛ Place and date of issue</td></tr>
<tr><td>㉘ Total Prepaid in</td><td>㉚ No. of orginal B/L</td></tr>
<tr><td colspan="3">Laden on Board the Vessel

㉜ Date   ㉝ by</td><td colspan="3">㉞ (회사명)
BY ____________</td></tr>
</table>

(Model Form 4-2) Bill of Lading

SHIPPED① in apparent good order and condition, unless otherwise stated hereon②, by the shipper hereinafter named, on board the undermentioned vessel, in or off the port of loading mentioned below, with liberty③ to delay sailing, to deviate for the purpose of saving or attempting to save life or property, to call at any ports or places once or often, in or out of the customary advertised route, in any order, forward or backward, for discharging and/or loading goods and/or mails, embarking and disembarking passengers, taking in fuel and other necessary supplies and for any other purpose whatsoever, to dry-dock with or without cargo on board if the COMPANY considers it necessary or convenient, to adjust compasses, to sail without pilots, to tow or be towed, and/or to assist vessels in all situations and circumstances : the following goods or packages said to contain④ goods hereinafter mentioned being marked and numbered as below, and to be delivered over the ship's side, when and where the ship's responsibility shall cease, in like good order and condition⑤ at the port of discharge, hereinafter named, or so near thereto as the ship may⑥ safely get and leave, always afloat at all stages and conditions of water and weather unto party or parties herein named as consignee, or his or their assigns, subject to the conditions and exceptions enumerated hereon and on the back hereof whether written, typed, stamped, or printed. If the goods in whole or in part are shut out⑦ from the ship named herein for any cause, the carrier shall have liberty to forward them under the terms of this bill of lading on the next available ship of this or at carrier's options, of any other line.

Freight for the said goods and primage⑧, if any, to be paid by the shipper in advance, on delivery of this bill of lading, in cash without discount, or at destination by the consignee as may be agreed upon and declared below⑨ and to be considered as earned⑩ whether the ship or the goods be lost or not or the voyage be broken up or abandoned at any stage of the entire transit.

Vessel : "VICTORY" Voy : 20 Master :
Shipper : DONGBANG LUMBER IND. CO., LTD., SEOUL
Port of Loading : INCHEON, KOREA { Destination : If goods to be transshipped }
Port of Discharge : NAGOYA, JAPAN at port of discharge
Consignee : TO ORDER or assigns
Notify Party : YAMAMOTO CO., LTD., NAGOYA

PARTICULARS FURNISHED BY SHIPPER OF GOODS

MARKS AND NUMBERS	NO. OF PIECES OR PACKAGES	DESCRIPTION OF GOODS	VALUE	WEIGHT	MEASURE-MENT
VCL 43218 NAGOYA C/NO, 1-67 MADE IN KOREA	67 CRTS. SAY :	SAID TO CONTAIN : PARTICLE BOARD 18MM×4'×6' 2,000 PCS SIXTY(60) CRATEs ONLY "FREIGHT PREPAID"		58,060KGS.	3,764'

OCEAN RATE AND CHARGES RATES, WEIGHTS AND/OR MEASUREMENTS (SUBJECT TO CORRECTION FOR FREIGHT PURPOSES ONLY)				FREIGHT
Value	@	% ad valorem	=	
3,764' feet	@$ 10.90	per 40 cft	=	US$ 1,025.69
BUNKER SURCHARGE	@$ 1.50		=	US$ 141.15
lbs	@		=	
	@		=	

Exchange rate @₩ TOTAL US$ 1,166.84

PREPAID at SEOUL

PAYABLE at

IN WITNESS WHEREOF the agent of master of the said ship has signed THREE(3) Bills of Lading, all of this tenor and date, one of which being accomplished, the others to stand void.

B/L NUMBER TN-7

Dated at SEOUL, KOREA MAY 1, 2021

Gloss

① **SHIPPED** the following goods and packages have been shipped의 have been이 생략됨
② **unless otherwise stated hereon** remark(비고)에 기재되는 "고장문언이 없는 경우에는"
③ **with liberty** 위의 undermentioned vessel에 걸리는 형용사구로서 to delay …, to deviate …, to call …, to dry-dock …, to adjust …, to sail …, to tow …, to assist … and circumstances로 계속
④ **said to contain** 앞에 which are가 생략된 것으로 packages를 수식. 즉 "송하인이 들어있다고 말하는"의 뜻. 운송회사가 포장화물을 수령하여 선적할 때 그 내용을 일일이 검사·확인할 수 없기 때문에 일단 송하인(shipper)이 신고하는 대로의 내용표시를 하고 운송회사는 선하증권 이면에 부지약관(unknown clause)을 인쇄 해 둠으로써 면책되도록 한다
⑤ **in like good order and condition** 운송인은 선하증권에 기재된 바 그대로 운송화물을 수령하고 선적할 때의 상태와 유사한 상태로 인도하여야 한다는 뜻
⑥ **so near thereto as ~ may** ~ thereto는 to the port of discharge hereinafter named. 본선이 지정항에 안전하게 입항할 수 없을 경우에 대비하여 가장 가까운 항구에 양하할 수 있는 권리를 유보한 문언
⑦ **are shut out** 적재거부 되다
⑧ **primage** 선장사례금(hot money)
⑨ **to be paid …** declared below 앞에 are가 생략된 것. 운송인의 운임청구권에 관한 문언으로서 법률상의 원칙은 운임착급인데 반하여 운임선급(freight prepaid)을 특약하고 있다. 운임착급은 운송인의 승낙이 있고(agreed upon) 그것이 B/L에 표시된(declared below) 경우에 한하여 인정된다
⑩ **to be considered as earned** 앞에 are가 생략됨. 주어는 Freight … primage 이다

(Model Form 5) Letter of Guarantee

LETTER OF GUARANTEE

(Bank No.)

Revenue Stamp

To① Korea Marine Transport Co., Ltd.
S/S② "DONG YANG" (Korean flag③) Voy. No.④ 8
Arrived⑤ at Gwangyang, Korea From⑥ Yokohama, Japan
On⑦ August 2021

B/L Nos. & Shipping Marks ⑧	Quantity & Description of Goods ⑨
YOP-103 EMBLEM EX SAMHO GWANGYANG # 1-8 MADE IN JAPAN	8 cases(3,973 lbs. or 1,802 kgs) of ART PAPER(Flying Horse Brand) "SAY : EIGHT(8) CASE ONLY" (Invoice Value⑩ US$ 561-)
Shipper's Name & Address ⑪	Ashai Trading Co., Ltd., Tokyo Office 7th F1., Zuksen Bldg., #1. 2 chome Nihonbashidori, Chuo-ku Tokyo, Japan
Number of Package (in words) ⑫ :	EIGHT(8) CASES ONLY/

In consideration of your granting us delivery of the abovementioned cargo which we declare to have been shipped to our consignment, without production of Bill(s) of Lading⑬ which has/have not yet come to our hand, we hereby engage to hand you the said Bills of Lading immediately upon receipt and further guarantee to indemnify yourselves and/or the owner(s) of the said vessel against any claims that may be made by other parties on account of the aforesaid cargo⑭ and to pay to you on demand any freight or other charges that may be due here or that may have remained unpaid at the port of shipment in respect to the abovementioned goods⑮.

We hereby certify that the Bill(s) of Lading covering the above consignment is/are not hypothecated to any other Bank, Company, Firm or person. In the event of the said Bill(s) of Lading being hypothecated to any other Bank, Company, Firm or person, we further guarantee to hold your harmless from all consequences whatsover arising therefrom and furthermore undertake to inform you immediately in the event of Bill(s) of Lading being so hypothecated.

Yours faithfully,

Party claiming the right of delivery

We, the undersigned, hereby join in the above indemnity and jointly and severally guarantee due performance of the contract and accept all the liabilities expressed therein.

Executed this day of , 2021

This guarantee shall be deemed null and void upon your receipt of the corresponding Bill(s) of Lading duly endorsed by us to be surrendered for only purpose of redemption of this guarantee.

Authorized Signature
Foreign Department
The Bank of Seoul, Ltd.

Gloss

① **to** 귀하, 앞. 선박 회사명
② **S/S** 기선. 선박명
③ **flag** 선박국적
④ **Voy. No.** 항로번호
⑤ **arrived at** 도착항
⑥ **from** 선적항
⑦ **on** 다음에 도착일자
⑧ **B/L Nos. & Shipping Marks** 선하증권 번호 및 선적마크
⑨ **Quantity & Description of Goods** 상품 수량 및 명세. 상품명, 규격, 수량, 개수 등을 기입
⑩ **Invoice Value** 송장금액
⑪ **Shipper's Name & Address** 화주의 성명 및 주소
⑫ **Number of Package (in words)** 포장개수(문자로). 포장개수를 숫자와 문자로 기입
⑬ **without production of Bill(s) of Lading** 선하증권의 제시없이
⑭ **any claims that may be made by other parties on account of the aforesaid cargo** 전기 적하품 때문에 제3자가 제기한 클레임
⑮ **in respect to the abovementioned goods** 전기 화물에 관련되어
⑯ **We hereby certify that the Bill(s) of Lading covering the above consignment is/are not hypothecated to any other Bank, Company, Firm or person** 당행은 전기 적재품을 커버하는 선하증권을 다른 은행, 회사, 사람에게 저당하지 않는다는 것을 증명한다
⑰ **undertake to inform you immediately in the event of Bill(s) of Lading being so hypothecated** 선하증권을 제3자에게 저당하는 경우 즉시 귀사에 통지할 책임을 진다
⑱ **We, the undersigned, hereby join in the above indemnity and jointly and severally guarantee due performance of the contract and accept all the liabilities expressed therein** 당행은 전기 배상금을 공동으로 부담하고 전기 계약의 정당한 이행을 단독으로 또는 연대로 보증하고 이 보증장에 명시된 모든 책임을 인수한다

(Model Form 6) Certificate of Marine Cargo Insurance

<table>
<tr><td colspan="2">Assured(s), etc ② THE MIRE CORPORATION</td><td></td></tr>
<tr><td colspan="2">Certificate No.
① 002599A65334</td><td>Ref. No.③ Invoice No. DS-990228
L/C No.IOMP20748</td></tr>
<tr><td colspan="2">Claim, if any payable at : ⑥
GELLATLY HANKEY, MARINE SERVICE
842, Seventh Avenue New York 10018
Tel(201)786-0631
Claims are payable in</td><td>Amount insured ④
USD 65,120.-
(USD59,200 × 110%)</td></tr>
<tr><td colspan="2">Survey should be approved by ⑦
THE SAME AS ABOVE</td><td rowspan="5">Condition ⑤
· INSTITUTE CARGO CLAUSE(A) 1982
· CLAIMS ARE PAYABLE IN AMERICA IN THE CURRENCY OF THE DRAFT.

Subject to the following clauses as per back hereof institute Cargo Clauses Institute War Clauses(Cargo)
Institute War Cancellation Clauses(Cargo)
Institute Strikes Riot and Civil Commotion Clauses
Institute Air Cargo Clauses(All Risks)
Institute Classfication Clauses
Special Replacement Clause(applying to machinery)
Institute Radioactive Contamination Exclusion Clauses
Co-Insurance Clause Marks and Numbers as</td></tr>
<tr><td>⑧ Local Vessel or Conveyance</td><td>⑨ From(interior port or place of loading)</td></tr>
<tr><td>Ship or Vessel called the
⑩ Arirang-Ho A-35</td><td>Sailing on or about
⑪ MARCH 3, 2021</td></tr>
<tr><td>at and from
⑫ Gwangyang, KOREA</td><td>⑬ transshipped at</td></tr>
<tr><td>arrived at
⑭ NEW YORK</td><td>⑮ thence to</td></tr>
<tr><td colspan="3">Goods and Merchandise :
12,500 PCS Tennis Racquets</td></tr>
</table>

Place and Date signed in · SEOUL, KOREA MARCH 2, 2021 No. of Certificates issued. · TWO

⑳ This Certificate represents and takes the place of the policy and conveys all rights of original policyholder(for the purpose of collecting any loss or claim) as fully as if property was covered by a Open Policy direct to the holder of this Certificate This Company agrees losses, if any, shall be payable to the order of Assured on surrender of this Certificate.

Settlement under one copy shall render all other null and void.

Contrary to the wording of this form, this insurance is governed by the standard from of English Marine Insurance Ploicy.

In the event of los or damage arising under this insurance, no claims will be admitted unless a survey has been held with the approval of this company's office or Agents specified in this Certificate.

SEE IMPORTNAT INSTRUCTIONS ON REVERSE

⑲ Dongbang Insurance Co., Ltd.

AUTHORIZED SIGNATORY

This Certificate is not valid unless the Declaration be signed by and authorized representative of the Assured

Useful Expressions

1. Invoice No. YJNU-7533, together with the Bill Lading and a 30 d/s draft have been forwarded to you through our bankers, the main office of the Bank of Woori.

2. Because there are unavoidable problems with the production process, we have to require another seven days in order to complete production of your order.

3. All shipments are to be covered on W.A., including War and S.R.C.C. risks for the invoice amount plus 10%.

4. As we need to arrange for issuing of the insurance certificate, we would be grateful if you would notify us when the shipment has been made.

5. We would appreciate it if you would let us have a sample of your Model YCN 123, along with the lowest price.

6. On receiving the policy from the insurance company we will forward it to you, as well as the Bill of Landing and Commercial Invoice.

7. The greatest care must be given to packing, as any damage in transit would cause us heavy loss.

8. We are pleased to inform you that we have shipped today 100 bales of cotton covering your order No.100 by S/S Hankuk, you will find all the goods in order.

9. All packages are to be marked and numbered as per shipping instructions to follow.

10. We assure you that we will do our utmost to execute shipment as quickly as possible in the future as usual.

Put into English

1. 어제 E-mail로 알려드린 것처럼 10월 19일 Gwangyang항을 출항할 예정인 "Pacific Bear"호에 하기의 상품을 출하하였습니다.

2. 선원들의 파업으로 인하여 선적기간 연기를 부탁드리지 않으면 안 되게 되었습니다.

3. 각 세트는 별도의 박스에 넣어져 6세트가 한 개의 나무상자로 포장되어 있습니다.

4. 갑작스런 항해취소로 인하여 5월 10일에 광양을 출항할 예정이었던 "아리랑" 선박으로 당사가 귀사의 주문을 발송할 수 없다는 것이 매우 유감스럽습니다. 그러므로 6월 10일까지 선적기일을 연장하여 주십시오.

5. 이러한 물품은 긴급히 필요로 하기 때문에 귀사가 선적을 신속히 해줄 것을 요청합니다.

6. 런던발 수에즈경유 부산행 한진선박에 선적된 잡화 500상자에 대해 도난, 발하 및 불착 위험 담보조건으로 300파운드에 대해 당사를 부보하여 주십시오.

7. 당사는 귀사의 선적품이 완전하게 귀사에게 도착하고 귀사에게 완전한 만족을 줄 것으로 믿습니다.

8. 당사는 귀사에게 관례대로 장래에도 가능한 한 신속하게 선적을 이행하도록 당사가 최선을 다할 것을 귀사에게 보증합니다.

9. 지난번에 귀사에서 선적한 화물은 선적서류가 너무 늦게 도착하여 할 수 없이 선취화물보증서를 통해서 화물을 찾았습니다. 다음부터는 선적과 동시에 산적서류를 지체 없이 송부해 주시기 바랍니다.

10. 요구하신대로 선적견본 3개를 항공우편으로 송부하였습니다.

제5장 클레임과 분쟁해결

제1절 클레임의 개요

1. 클레임의 의의

국제무역거래에서 클레임(claim)이란 매매계약의 한 당사자가 계약을 위반함으로써 계약의 다른 당사자, 곧 손해를 입은 측(claimant)이 그 손해를 일으키게 한 측(claimee)에게 손해배상을 청구하는 것을 말하며, 단적으로 표현해서 무역에 관한 병(disease in trade)이라고 할 수 있다.

클레임은 계약당사자 중 어느 한편이 상대방에게 제기할 수 있으나, 클레임의 거의 대부분은 수입업자가 수출업자에게 제기한다. 가끔 어느 한편이 고의적으로 클레임을 야기시키는 경우도 있으나 대개는 각국의 언어, 관습, 법률 및 문화배경의 차이에서 야기되는 불명확한 의사소통에 기인하는 것이 많다.

클레임의 청구내용은 금전의 청구, 금전 이외의 방법에 의한 청구 및 양자를 합한 청구 등으로 대별할 수 있다.

2. 클레임의 발생원인

무역클레임의 발생 원인을 보면 대략 다음과 같다.

(1) 품질에 관한 것 : 품질불량(inferior quality), 품질상위(different quality).

(2) 수량에 관한 것 : 출하부족(short shipment), 착하부족(shortage), 감량(diminution).

(3) 인도에 관한 것 : 선적불이행(non-delivery), 하역손상(stevedore damage), 선적지연(delayed shipment), 포장불완전(incomplete packing).

(4) 가격·결제에 관한 것 : 가격조정(price adjustment), 초과지급(overpayment), 재포장비(repacking charge), 반송비(expense for return).

(5) 서류에 관한 것 : 부정송장(incorrect invoice), 기재사항의 상이(misdescription).
(6) 계약에 관한 것 : 계약불이행(breach of contract), 계약취소(cancellation).
(7) 기타에 관한 것 : 그 밖의 클레임으로는 수출입국법규에 관한 것, 보험에 관한 것 등이 있다.

3. 클레임의 방지대책

클레임의 방지대책으로서는, 우선 철저한 신용조사 내지 시장조사의 이행이 요긴하다. 상대국의 풍속, 상관습, 무역관계법규, 통상정책에 관해서 충분히 연구·숙지해야 한다.

또한 매매계약에 관한 각종 거래조건에 대해서도 정확한 지식과 신중한 배려가 필요하다. 즉 국제매매관습과 국제규칙 등에 대해서 정통·숙지해 두어야 한다.

그리고 계약조건에 "화물의 도착 후 15일 이내에 클레임을 제기해야 한다"라고 하는 등 클레임제기의 기한을 비롯해서 클레임해결에 관한 조건을 완비하는 것도 유효한 분쟁방지책의 하나이다.

4. 클레임의 해결방법

무역클레임은 법원을 통한 분쟁해결 즉 소송(Litigation)보다 '대체적 분쟁해결방법(ADR; Alternative Dispute Resolution)'인 화해, 알선, 조정, 중재 등으로 해결하는 것이 관례이다.

1) 알선(intercession; arrangement)

당사자의 일방 또는 쌍방의 의뢰에 의하여 국제상공회의소, 대사관 등 공정한 제3자가 개입하여 클레임의 원만한 해결을 위하여 조정해주는 경우이다. 알선은 강제력은 없지만 알선을 담당하는 제3자가 유력하거나 당사자에게 영향력을 행사할 수 있는 경우에는 성공률이 높다.

2) 조정(conciliation; mediation)

당사자의 쌍방이 공정한 제3자를 조정인(conciliator)으로 선정하여 이 조정인이 제시하는 조정안에 대하여 합의함으로써 클레임을 해결하는 방법이다. 조정은 중재의 전단계(前段階)로서 실제로 가장 많이 쓰이며, 현재 대한상사중재원에 접수되는 건들 중에도 이와 같은 중간 조정인(mediator)에 의해 조정되는 예가 가장 많다.

조정은 중재보다는 절차가 간편하나, 조정안의 수락 여부가 당사자의 자유의사에 속하므로 구속력이 없는 것이 단점이라 하겠다.

3) 중재(arbitration)

중재는 분쟁의 당사자들이 제3자를 중재인(arbitrator)으로 선정하여 중재인의 판정에 복종함으로써 클레임을 해결하는 방법이다.

중재란 재판소 이외의 장소에서 재판관 이외의 사인인 중재인이 행하는 합법적인 사적 재판(私的裁判)이다. 판결에 대신하여 판정이 내려지고 이 판정의 집행에 대하여 국가가 강제력을 갖는다.

4) 소송(litigation)

소송이란 당사자의 일방이 국가기관인 법원에 제소함으로써 법원의 판결에 의하여 강제적으로 분쟁을 해결하는 방법이다. 소송에 의한 해결방법은 많은 시간과 경비의 부담이 있고, 또 상대방이 타국에 있기 때문에 그 법적 효력이나 강제 집행상에 많은 문제점들이 있어 이 최후수단은 많이 이용되지 않고 있다.

제2절 전자무역의 클레임과 ADR

1. 전자무역의 클레임

1) 전자무역 클레임의 특징

최근 전자무역이 활성화되면서 클레임이 증가하고 있다. 이것은 무역거래가 온라인상에서 이루어져서 거래의 속도가 빠르고 거래범위도 전 세계적이며, 법률적 요인 이외에 기술적 요소가 포함되어 거래가 복잡하기 때문이다. 아직 국제적인 상사중재 규칙이 제정되지 않아 해결하기 어려운 특징이 있다.

2) 전자무역 클레임의 종류

전자무역의 클레임에는 매매당사자가 합의하여 체결한 무역계약을 어느 한 쪽이 위반하여 발생하는 경우, 매매당사자간에 어떠한 무역계약도 체결하지 않았음에도 불구하고 어느 한 쪽이 상대방의 권리와 이익을 침해하여 발생하는 경우, 전자무역의 특성상 발생하는 경우 등 세 가지가 있다.

(1) 무역계약위반에 따라 발생하는 클레임 : 오프라인 무역의 클레임과 유사하고 주로 계약상품의 미도착, 인도지연, 계약과 다른 물품의 인도, 상품의 품질불량 등으로 발생하는 클레임
(2) 무역계약의 근거 없이 발생하는 클레임 : 컨텐츠 내용, 지적재산권, 이-메일 네임 등 기술적 내용에 의거하여 발생하는 클레임
(3) 전자무역의 구조 및 특성으로 발생하는 클레임 : 웹사이트 구축에 따른 클레임, 웹사이트 주소, 이-메일 네임, 지적재산권에 관한 클레임, 조작실수 및 전자문서의 인증에 관한 클레임, 전자결제에 관한 클레임

2. 전자무역 클레임의 해결

온라인 ADR에 의한 해결 시스템에는 이-메일을 통한 클레임제기 시스템, 사이버 조정 시스템, 사이버중재 시스템 등이 있다.

우리나라에서는 전자거래진흥원의 전자거래분쟁조정위원회에서 온라인에 의한 분쟁 조정서비스를 제공하고 있다. 상품 및 서비스의 온라인과 오프라인에 의한 국내외 거래에서 발생한 클레임을 온·오프라인 방법으로 조정하고 있다.

제3절 클레임관계 서한의 작성요령

클레임 제기서한의 작성요령은 문구를 최대한 정중하고 예의를 갖추어야 한다는 점이다. 곧 지나친 항의성 문구나 상대방을 비난하는 등의 내용은 절대 금물이며, 부드러운 문구로 객관적 자료를 제시하여 클레임 청구내용을 상대방에게 인식시켜야 한다.

또한 클레임을 받는 측에서는 서한을 받은 즉시, 사실 여부를 조사하여 조속히 회답을 보내고 문제의 해결책을 강구해야 한다. 곧 자기의 부주의, 과실을 시인하는 경우에는 상품을 교환, 대금의 감액, 아니면 적절한 배상을 해야 하며, 만약에 자기 책임이 아닌 경우에는 명백히 이를 기술하고 방어 조치를 취할 필요가 있다. 그리고 거래 상대방의 입장을 이해하는 문구를 기술함으로써 장래의 거래에 지장을 초래하지 않고 원만한 해결을 지을 수 있도록 해야 한다.

Model Letter 1-A. Claim for delayed shipment

We were very surprised to know that you have arranged for the shipment on "Pacific Bear" leaving New York on August 8, 2021 and arriving in Inchon on September 4, 2021. Cosmic Oil had already reluctantly agreed to put AA Catalyst onto HTC "Sea Prince" leaving Sanfrancisco on August 5, 2021 and arriving in Inchon on August 31, 2021. The difference of four days is very important for Cosmic Oil because that have to start up all plants as soon as possible.

We are wondering why you changed the ship, although we had sent word to you that this AA Catalyst must reach Korea by the end of August 2021 because Cosmic Oil is bound to a very tight schedule to start the whole plant by the beginning of September 2021.

Please advise by return mail as follows :

1) Whether you have already loaded the AA Catalyst on to the above ship and whether there is still a chance of changing the delivery to air shipment.
2) Whether we can find the AA Catalyst in stock, irrespective of location.

Tomorrow we will have a very important meeting with Cosmic Oil concerning this problem. We will let you know the results of the meeting the following day.

Gloss

AA Catalyst AA는 플랜트명. Catalyst는 촉매(제)
HTC "Sea Prince" 선박회사와 선박명

Model Letter 1-B. Reply to the foregoing

We confirm the following details of shipment of the product in reference:

Shipment : August 8, 2021
Port : New York
Vessel : Pacific Bear
Destination : Inchon
ETA : September 5, 2021

I would like to remind you first of all that this product had indeed originally been scheduled for shipment on the vessel "Sea Prince" since August 5, 2021 with ETA : end of August /beginning of September. One week later, we found out that sailing of that vessel would be postponed until August 8, 2021. On this date, our forwarding agent informed me that the products had been sent to New York instead of the port of departure (Sanfrancisco) because of the large quantity of products to be loaded on the vessel to Korea. I must presently confirm that the vessel has left the port of New York bound for Inchon with ETA September 5, 2021, and inform you that the sailing of "Sea Prince" which was first scheduled, has been postponed until August 1, 2021.

Gloss

ETA estimated time of arrival 도착예정일
ETD estimated time of departure 출항예정일
forwarding agent 운송업자

Model Letter 2-A. Claim for different goods

Gentlemen :

We have received your goods covering our order No.127 of December 19 for one hundred PC SM-7 and one hundred DVD SR-601.

On opening the cases, we have found they contain completely different articles, and we presume that a mistake was made and the contents of these cases were for another order.

As we need the articles, we must ask you to arrange for dispatch of replacement goods at once. We attach a list of the contents of the cases, and will be glad if you can check them with our order.

In the meantime, we will keep the cases at your disposal. Please let us know what you want to do with them.

Sincerely yours,

Gloss

article 품목
in the meantime 그때까지
at your disposal 귀사의 뜻대로

Model Letter 2-B. Claim Settlement

Gentlemen :

We are very sorry to learn that the case No. 7 did not contain the goods you ordered.

On going into the matter, we have found that a mistake was indeed made in packing through an error of our packing workers, and we have arranged for dispatching the right goods to you. Relative shipping documents are enclosed in this letter.

We have already faxed you to inform of this matter, and we also enclose a copy. We will be much obliged if you can keep the case No. 7 and the contents until we can call our forwarding agent to take delivery of the different goods.

Please accept our most sincere apologies for the trouble caused to you by our mistake.

Sincerely yours,

Gloss

shipping document 선적서류
will be much obliged if you 귀사가 ~ 해주신다면 감사 하겠습니다

Model Letter 3-A. Claim for Inferior Goods

Gentlemen :

This is to confirm my phone call this morning about the unsatisfactory manner in which you executed the order mentioned above.

Upon unpacking this shipment, we have found that the size is wrong, the length of each sheet being short by about 7mm and most sheets are rusty and corroded.

Moreover, you will recall that we had to extend the validity of the relative credit because of the delay in shipment.

You will readily agree that any one of these irregularities can be good reason for canceling this order unconditionally or reshipping the goods at your expense. But our customers say that they would oblige us by accepting these detective goods at a reduction of 30% on the invoice amount.

We consider it quite a reasonable proposition and ask you to help us out of this awkward situation by placing the same amount to our credit.

We are looking forward to waiting for your immediate reply.

Sincerely yours,

Gloss

unpack 포장을 풀다
irregularities 위반
reship 반송하다
oblige us by ~ ing 특별한 친절로 ~ 해 주다
placing the same amount to our credit 동 금액을 당사 계정의 대변에 기재하다

Model Letter 3-B. Reply to the foregoing(Meeting halfway)

Gentlemen :

We are writing this to confirm the conversation I had with you over the telephone in reply to your phone call and fax on December 19 concerning the Black Iron Sheets on your order No. 35.

It is true that the shipment was delayed, but it was beyond our control since some of our machines had gone out of order because of a local heavy rain which flooded the factory. We then asked for your understanding and you were good enough to extend the credit.

As to the size and corrosion, you will recall the fact that Mr. Kim, a representative of your Seoul Office, inspected our rolling operations and approved of the products. We ourselves conducted a rigorous inspection and found the sheets perfectly conforming to the standards, as you will see in our mill sheets.

Realizing, however, that you are in an awkward position, we will meet you halfway by making a 15% reduction.

We consider it advisable for your customers to accept this liberal settlement.

Very sincerely yours,

Gloss

local heavy rain 국지적인 폭우
representative 대표
rolling operation 압연작업
rigorous inspection 엄격한 검사
conforming to the standards 규격에 일치하다
mill sheet 검사증명서
meet you halfway 반씩 양보하다

Model Letter 4-A. Claim for breakage

Gentlemen :

We have just received 15 cases Porcelain Ware you shipped by S/S PACIFIC BEAR on our order No. 15 of March 20, but regret to have to inform you that the cases Nos. 3, 4 and 6 are broken and their contents badly damaged evidently through faulty packing. Some photos are enclosed as evidence.

We ask you therefore either to send us a credit note for the amount of these cases together with the duty paid on them, $1,500, or to pass the duty to our credit and send us replacement at your expense.

Your immediate attention to this matter would be appreciated.

Very truly yours,

Gloss

evidently through faulty packing 명백하게 잘못된 포장에 의해
credit note 대변표. debit note 차변표
at your expense 귀사의 부담으로

Model Letter 4-B. Reply to the foregoing(Claim declined)

Gentlemen :

Your letter of July 10 on the 15 cases Porcelain Ware of your order No. 15 has received our most careful attention.

We are however, unable to account for the breakage, since we paid the best possible attention to the packing of all the 15 cases and the shipping company received the whole lot in perfect condition as is evident from the clean B/L we obtained.

Moreover, the goods have been covered against the risk of breakage. We advise you, therefore, that you file your claim with the insurance company.

We understand the inconvenience you have been put to, and shall be glad to do anything in our power to assist you in pushing your claim.

Faithfully yours,

Gloss

account for 설명하다. 책임을 지다
clean B/L 무사고 선하증권
file your claim with ~에 클레임을 제기하다. file 이외에도 lodge, advance, enter 등이 사용됨
push (목적·요구)를 밀고나가다. (강력하게) 추구하다

Model Letter 5. Claim Settlement

Gentlemen :

In reference to your E-mail dated August 26 concerning the complaint you received from GS Chemical, we have conducted an investigation and analysis of the situation, determined the cause, and decided on further actions. The innovations referred to have been conducted by the Caltex quality control team. The following explains a possible cause of the problem:

1. The type of hammer you sent us is not used in the plant. This can only be obtained from an external company which is hired to perform specific tasks in the plant.
2. As we use a sieve before packaging the hammer cannot have been used in manufacturing process.
3. The most likely hypothesis is that during work in our packaging plant, the hammer accidentally fell into an empty drum, which was subsequently filled with AA Catalyst.

We have accordingly taken the following measures :

A. We have made external companies aware of the consequences of a quality defect. Action : immediate
B. We have reinforced visual inspection of the drums and packaging chain before use. Action : immediate
C. We have installed equipment in the packaging plant to detect metallic objects. Action : within two months

Please convey our apologies to GS Chemical for this incident and assure them that we have, thanks to this to this complaint, been able to improve our quality procedures.

Best regards,

Gloss

conduct an investigation 조사하다
analysis of the situation 상황분석
possible cause 고려될 수 있는 원인
the most likely hypothesis 가장 가능성이 높은 가설
reinforce 강화하다 **install** 설비하다

Useful Expressions

1. Our enclosed certificate of inspection will show you that one hundred sets of your TVs covering our order No.500, shipped by S/S Koreana, were received in damaged condition.

2. We are very sorry to learn form your letter of the August 25 that our shipment covering your order No.167 was found defective.

3. We inform you that we have received 10 cases of Typewriters shipped by the S.S Arirang, but found cases No.5 and No.10 badly damaged.

4. Thank you for drawing our attention to a situation which we had not previously known about. Please accept our apologies for the inconvenience you have been caused.

5. Although there have been similar mistakes on several previous occasions, the increasing frequency of them compels us to say that business between us cannot continue under such conditions.

6. On examining the shipment, we have found that the material is certainly not up to the standard we expected.

7. The goods delivered are not exactly equal in shade to the sample furnished us by you.

8. We have investigated this matter, and regret to say that the delay is due to the absence through illness of the clerk who was initially dealing with your order.

9. We hope that you will immediately take this matter into your careful consideration and furnish us with a prompt solution by return E-mail.

10. We hope that the matter is thus settled to our mutual satisfaction. We apologize for this unfortunate matter and will do our best to settle it urgently.

Put into English

1. 귀사가 발송한 10상자를 모두 점검한 결과 상품 일부의 색상과 크기가 견본과 다릅니다. 500개의 상품 중 10%는 사용할 수 없습니다.

2. 동봉한 품질검사증명서에 의해, 귀사가 11월 19일 선적한 화물이 성능불량이라는 것을 알게 되었습니다. 당사가 불량품 때문에 곤란한 상황에 처했기 때문에 가능하면 빨리 올바른 대체품을 보내주십시오.

3. 금번 귀사의 위반으로 당사의 많은 고객이 큰 불편을 겪었기 때문에 앞으로는 이와 같은 문제가 재발되지 않도록 당사의 주문에 좀 더 주의를 기울여 주시기를 바랍니다.

4. 당사의 주문을 이행하면서 귀사는 태만하였을 뿐만 아니라 표준을 훨씬 하회하는 상품을 발송하였습니다.

5. 이러한 상태로 그 상품을 당사의 고객들에게 인도할 수 없습니다. 그러나 송장금액의 20% 할인해 주신다면 그 화물을 인수하겠습니다.

6. 귀사의 주문 123호와 관련된 당사의 선적품이 결함이 있다는 것을 12월 19일자 귀사의 서한으로 알게 되어서 매우 유감스럽습니다.

7. 귀사가 가능하면 빨리 대체품을 당사에 발송해 주시면 고맙겠습니다.

8. 수차례의 이전 경우에서 이루어진 유사한 실수에도 불구하고, 실수가 계속되는 상황에서는 상호간의 거래가 지속될 수 없습니다.

9. 당사는 이 손상에 대하여 책임이 없다고 생각하기 때문에 선박회사에 클레임을 제기하시기를 권합니다.

10. 이것은 당사가 할 수 있는 최대의 양보입니다. 귀사가 당사의 제의를 수락하는 데 동의하지 않는다면 중재에 의해 해결하고자 합니다.

| 참고문헌 |

강태구, 김태기, 박복재, 「무역학개론」, 법문사, 2019.
김행권, 「현대무역영어강의」, 법문사, 1997.
박대위, 「무역영어」, 법문사, 2007.
박복재, 「무역영어」, 전남대학교출판부, 2013.
박복재, 「무역상무론」, 전남대학교출판부, 2014.
송면, 김천식, 「최신무역영어」, 박영사, 1995.
전창원, 「온·오프라인 무역영어」, 무역연구원, 2007.
전창원, 박복재, 「꼭 배워야 할 무역실무」, 무역연구원, 2009.

朝岡良平, 「貿易賣買と商慣習」, 東京布井出版, 1981.
椿弘次, 「貿易實務」, 日本經濟新聞社, 2001.
新堀聰, 「現代貿易賣買」, 同文館, 2001.
町井靖, 「ビズネス 英語」, 創成社, 2003.
藤田榮一, 「貿易去來の實務と英語」, 實務教育出版, 2001.
羽田三郎, 「貿易の英語」, 森北出版株式會社, 2001.
石田貞夫, 「貿易去來」, 學文社, 1997.
來住哲二, 「基本貿易實務」, 同文館, 2001.

Harvey R. Shoemack, *Essentials of Exporting and Importing*, Fairchild Pubns, 2009.
Kenneth D. Weiss, *Building an Import / Export Business*, 2Wiley; 4 edition, 2007.
Thomas A. Cook, *Mastering Import & Export Management*, AMACOM; Second Edition, 2012.
Maritza Manresa, How to Open & Operate a *Financially Successful Import Export Business*, Atlantic Publishing Group Inc., 2010.
Thomas E. Johnson, *Export/Import Procedures and Documentation*, AMACOM, 2010.

Pierre A. David, *International Logistics : Management of International Trade Operations*, Atomic Dog; 3 edition, 2010.

I.C.C., *Incoterms* 2010, 2010.

I.C.C., *Uniform Customs and Practice foe Documentary Credit*, No. 600, 2007.

부록

무역용어
(Trade terms)

제1편 온·오프라인 비즈니스 커뮤니케이션

제2장 온·오프라인 무역통신문

1. letterhead 서두
2. inside address 수신인 성명 및 주소
3. salutation 서두인사
4. complimentary close 결미인사
5. reference number 참조번호
6. identification marks 서신책임자 약호
7. enclosure notation 동봉물 표시
8. letter subject 건명
9. enclosure(s), encl(s) 동봉물
10. carbon copy notation 사본 송부처 표시
11. postscript (P.S.) 추신
12. additional sheet 추가면
13. envelope 봉투
14. printed matter 인쇄물 在中
15. private, personal 친전(親展)
16. strictly confidential 극비
17. E-mail 전자우편
18. telex 텔렉스
19. facsimile (fax) 팩시밀리
20. EMS Express Mail Service 국제특급우편
21. air mail 항공우편
22. registered mail 등기우편

제3편 무역실무와 표준 무역서신, 이메일

제1장 신용조사와 거래관계의 설립

1. marketing research 시장조사
2. foreign exchange bank 외국환은행
3. circular letter 권유장
4. trade inquiry 조회
5. Seoul Chamber of Commerce & Industry 서울상공회의소
6. chamber of commerce 상업회의소
7. KOTRA Korea Trade Association 대한무역투자진흥공사
8. embassy 대사관
9. international trade fair 국제무역박람회
10. overseas advertisement 해외광고
11. trade directory 상공인명록
12. customer, client 거래처, 고객
13. prospective customer (buyer) 장래의 고객
14. buyer & seller 매수인과 매도인
15. importer & exporter 수입상과 수출상
16. wholesaler 도매상
17. retailer 소매상
18. supplier 공급자, 공급처
19. manufacturer 제조업자
20. end-user 최종사용자, 최종수요자
21. subsidiary 자회사
22. affiliated company 계열회사, 자회사
23. joint venture 합병회사(사업)
24. our bank(미), our bankers(영) 당사의 거래은행
25. head office (headquarters) 본사(점)
26. branch(office) 지점(지사)

27. multinational enterprise (corporation) 다국적기업
28. M&A (merger and acquisition) 합병과 인수
29. product 제품
30. home electric appliances 가정용 전기제품
31. electronic computer (calculator) 전자계산기
32. personal computer 컴퓨터
33. office automation equipment 사무실 자동화기기, OA 기기
34. factory automation equipment 공장 자동화기기
35. semi-conductor 반도체
36. canned(tinned) goods 통조림 제품
37. trade mark 상표
38. intellectual property(right) 지적소유권
39. patent 특허권
40. utility model 실용신안
41. design 의장
42. copyright 저작권
43. credit inquiry 신용조사
44. credit information 신용정보
45. reference 신용조회처
46. bank reference 은행신용조회처
47. trade reference 동업자신용조회처
48. credit bureau, credit agency 상업흥신소
49. credit standing 신용상태
50. financial standing 재정상태
51. business standing 영업상태
52. business background 영업경력
53. capital 자본금
54. reputation 평판

제2장 매매계약

1. quality sample 품질견본
2. color sample 색상견본
3. pattern 무늬
4. seller's sample 매도인 견본
5. original sample 원 견본
6. buyer's sample 매수자 견본
7. counter sample 반대 견본
8. sale by sample 견본 매매
9. instruction (operation) manual 취급 설명서
10. specifications 사양서, 상세한 설명서
11. sale by specifications 사양서 매매
12. agent 대리점
13. selling(buying) agent 판매(매입) 대리점
14. sole(exclusive) agent 독점(총) 대리점
15. exclusive (sole) selling agent 독점판매 대리점
16. commission 수수료
17. agent commission 대리점 수수료
18. return commission 수수료 반환
19. agency agreement 대리점 협약서
20. distributor 판매점
21. exclusive distributorship agreement 독점판매점 협약서
22. principal 본인
23. principal to principal 본인 대 본인
24. principal to agent 본인 대 대리인
25. force majeure 불가항력
26. acts of God 천재지변
27. inquiry 문의
28. firm offer 확정 오퍼
29. offer subject to final confirmation 최종 확인 조건부 오퍼

30. offer subject to prior sale 선착순 판매 조건부 오퍼
31. price list 가격표
32. unit price 단가
33. counter offer 반대(역) 주문
34. wholesale price 도매가
35. retail price 소매가
36. commercial invoice 상업송장
37. quotation 견적서
38. cash discount 현금할인
39. quantity discount 수량할인
40. trade discount 동업자할인
41. Agreement in General Terms and Conditions of Business 일반거래조건협정서
42. memorandum 각서 송장
43. net weight 순중량
44. gross weight 총중량
45. weight ton 중량 톤
46. measurement ton 용적 톤
47. packing 포장
48. bulk(y) cargo (부피가 큰) 산적화물
49. piece, 100 PCs. 개, 100개
50. 100 units 100대
51. more or less clause 과부족인용조항
52. per K/Ton or M^3 1킬로/톤 또는 1입방미터
53. revenue ton 운임징수 톤
54. minimum order quantity 최저 주문수량
55. minimum quantity acceptable 최소 인수가능 수량
56. 15. maximum quantity acceptable 최대 인수가능 수량
57. EXW(Ex Works) 작업장 인도조건
58. FCA(Free Carrier) 운송인 인도조건
59. FAS(Free Alongside Ship) 선측 인도조건

60. FOB(Free On Board) 본선 인도조건
61. CIF(Cost, Insurance & Freight) 운임·보험료포함 인도조건
62. CIP(Carriage and Insurance Paid to) 운송비·보험료지급 인도조건
63. CPT(Carriage Paid To) 운송비지급 인도조건
64. CFR (Cost & Freight) 운임포함 인도조건
65. DAT (Delivered at Terminal) 터미널 인도조건
66. DPU(Delivered at Place, Unloaded) 목적지양하 인도조건
67. DDP (delivered duty paid) 관세지급 인도조건
68. purchase order, order sheet, order 주문서
69. purchase note 買約書
70. order number (No.) 주문번호
71. sales note 賣約書
72. confirmation of order 주문확인
73. contract 계약서
74. indent 매입주문, 매입위탁서
75. trial order 시험주문
76. additional order 추가주문
77. repeat order 재주문
78. regular orders 정기주문
79. E. & O. E. Errors & omissions are excepted 오기누락은 용인해 주십시오

제3장 무역대금결제방식과 신용장

1. letter of credit 신용장
2. irrevocable letter of credit 취소불능신용장
3. confirmed letter of credit 확인신용장
4. unconfirmed letter of credit 무확인신용장
5. with recourse L/C 상환청구가능신용장
6. restricted or special L/C 매입은행 지정신용장
7. open or general L/C 매입은행 무지정신용장

8. revolving credit 회전신용장
9. transferable credit 양도가능신용장
10. documentary credit 화환신용장
11. applicant 개설의뢰인
12. accountee 계정지급인
13. beneficiary 수익자
14. opening (issuing) bank 개설은행
15. advising (notifying) bank 통지은행
16. negotiating bank 매입은행
17. confirming bank 확인은행
18. correspondent bank 환거래취결은행
19. bill of exchange, draft, bill 환어음
20. documentary bill of exchange (draft) 화환어음
21. drawer 어음발행인
22. drawee 어음지급인
23. sight draft (bill), draft at sight 일람불어음
24. usance draft (bill), time bill 기한부어음
25. draft at 90 days after sight 일람 후 90일후 지급어음
26. D/P (documents against payment) 지급인도조건
27. D/A (documents against acceptance) 인수인도조건
28. remittance 송금
29. negotiating bank 매입은행
30. dishonored draft(bill) 부도어음
31. promissory note 약속어음
32. T/R trust receipt 貸渡
33. foreign currency 외화
34. exchange rate 환율
35. floating (flexible) exchange rate 변동환율
36. mail transfer 우편이체(송금)
37. T.T. (telegraphic transfer) 전신이체(송금)

38. T.T.S rate (telegraphic transfer selling rate) 전신 매도율
39. T.T.B. rate (telegraphic transfer buying rate) 전신 매수율
40. acceptance rate 수입어음 결제율
41. forward exchange rate 선물환율
42. forward exchange contract 선물환 예약
43. foreign exchange market 외환시장

제4장 무역운송과 해상보험

1. customs clearance 통관
2. export inspection 수출검사
3. export licence 수출허가증
4. import licence 수입허가증
5. shipping marks 하인
6. country of origin 원산지증명서
7. bonded area 보세구역
8. bonded warehouse 보세장치장
9. designated bonded area 지정보세지역
10. storage 보관(료)
11. customs, customhouse 세관
12. import duty 수입관세
13. ad valorem duty 종가세
14. specific duty 종량세
15. non-tariff trade barrier 비관세장벽
16. trade friction 무역마찰
17. duty free 면세
18. customs broker (forwarding agent) 통관업자
19. E/D, export declaration 수출신고서
20. I/D import declaration 수입신고서
21. export permit 수출허가서

22. import permit   수입허가서
23. marine transport   해상운송
24. time of shipment   선적시기
25. ocean freight   해상운임
26. space-booking   선복예약
27. shipping instructions   선적지시
28. shipper   송하인(수출업자)
29. consignee   수하인
30. notify party   도착 통지처
31. D/O delivery order   인도지시서
32. M/R mate's receipt   본선수취증
33. container ship   컨테이너 선박
34. liner   정기선
35. tramp, tramper   부정기 화물선
36. port of loading(shipment)   선적항
37. port of call   기항지
38. port of discharge(unloading)   양륙항
39. partial shipments   분할선적
40. trans(s)hipment   환적
41. B/L, bill of lading   선하증권
42. air cargo   항공화물
43. air freight   항공화물(운임)
44. air waybill   항공화물 운송장
45. parcel post   택배
46. combined transport   복합운송
47. CTD, combined transport document   복합운송증권
48. freight forwarder   운송취급인
49. freight conference   운임동맹
50. freight rates   운임율
51. freight prepaid   운임선불

52. freight collect 운임후불
53. charter party 용선계약서
54. CY container yard
55. CFS container freight station
56. shipping advice(notice) 선적통지
57. arrival notice 화물 도착통지
58. shipping documents 선적서류
59. commercial invoice 상업송장
60. consular invoice 영사송장
61. customs invoice 세관송장
62. B/L, bill of lading 선하증권
63. order B/L 지시식 선하증권
64. straight B/L 기명식 선하증권
65. clean B/L 무고장 선하증권
66. foul (dirty) B/L 사고부 선하증권
67. shipped (on board) B/L 선적 선하증권
68. received B/L 수취 선하증권
69. CTD. combined transport document 복합운송증권
70. sea waybill 해상운송장
71. air waybill 항공운송장
72. insurance policy 보험증권
73. endorsement 배서
74. endorser 배서인
75. blank endorsement 백지배서
76. packing list 포장명세서
77. inspection certificate 검사증명서
78. certificate of origin 원산지증명서
79. weight & measurement list 중량용적증명서
80. marine insurance 해상보험
81. total loss 전손

82. partial loss 분손

83. general average 공동해손

84. particular average 단독해손

85. I.C.C. (A), Institute Cargo Clauses (A) 협회적하약관(A)

86. I.C.C.(B) 협회적하약관(B)

87. I.C.C.(C) 협회적하약관(C)

89. Institute War Clauses 협회전쟁위험담보 약관

90. Institute Strikes Clauses 협회파업위험담보 약관

91. All Risks 전위험 담보

92. W.A.(with average) 단독해손 담보

93. F.P.A. (free fro, particular average) 단독해손 부담보

94. insurance policy 보험증권

95. provisional insurance 개별예정 보험계약

96. provisional policy 예정보험증권

97. open cover 포괄예정보험

98. open policy 포괄예정보험증권

99. insurance certificate 보험증명서

100. insurance premium 보험료

101. insurance premium rates 보험요율

102. insured amount 보험금액

103. imaginary(expected) profit 희망이익

104. assurer(insurer), underwriter 보험회사

105. assured (insured) 피보험자

제5장 클레임과 분쟁해결

1. complaint 고충, 불평
2. claim 클레임
3. inferior quality 품질불량
4. different quality 품질상이

5. short shipment 출하부족
6. diminution 감량
7. non delivery 선적불이행
8. stevedore damage 하역손상
9. delayed shipment 선적지연
10. misdescription 기재사항의 상이
11. breach of contract 계약불이행
12. compromise 타협
13. amicable settlement 화해
14. conciliation 조정
15. arbitration 중재
16. The Korea Commercial Arbitration Association 대한 상사중재원
17. (arbitral) award 중재판정
18. governing law 준거법
19. authorized surveyor 공인감정인
20. survey report 감정보고서

찾아보기

(ㄱ)

가격(price) / 63
가격조건(terms of price) / 78
가격조정(price adjustment) / 162
가공무역(processing trade) / 40
각서(memorandum) / 62, 77
간접거래(indirect trade) / 38
감량(diminution) / 162
개별계약(case by case contract) / 77
개설은행(issuing bank) / 110
개설의뢰인(applicant) / 110
개수(piece, dozen, gross) / 78
개장단위(case, bag, bale) / 78
개품운송계약(contract of affreightment in a general ship) / 129
거래제의 서한(Circular Letter) / 60
건명(Letter Subject) / 22, 30
검사증명서(certificate of inspection) / 130, 132
검역증명서(certificate of quarantine) / 130
결문인사 / 22
결미인사(Complimentary Close) / 30
결제(payment) / 63
결제은행(settling bank) / 111
결제조건(terms of payment) / 78, 80
계약불이행(breach of contract) / 163
계약서(contract sheet) / 62
계약취소(cancellation) / 163
공동해손 / 140
공용송장(Official Invoice) / 132
구매서(purchase note) / 77
구매오퍼(buying offer) / 74
국제규격인증 / 47
국제무역조건(International Terms of Trade) / 81, 82
국제상업회의소(International Chamber of Commerce : ICC) / 108
국제팩토링(Factoring) / 106
국제표준화기구 / 47
권리증권(documents of title) / 131
글로벌 통상영어(English for Global Trade & Business) / 17, 18
금융 / 35
기재사항의 상이(misdescription) / 163
기한부어음(time bill, usance draft) / 110
길이(length) / 78

(ㄷ)

단독해손 / 140
단독해손 손해(particular average loss) / 140
담보와 보상(to cover & to pay) / 136
대금결제방식 / 106
대금교환불(Cash on Delivery; COD) / 106
대금회수불능의 위험(credit risk) / 108
대리거래(agents) / 63
대체적 분쟁해결방법(ADR; Alternative Dispute Resolution) / 163
독점계약(exclusive contract) / 77
동봉물 표시(Enclosure Notation) / 31
동업자의 이용(Trade Reference) / 62
동업자조회처(trade reference) / 62
디지털경제시대 / 17

(ㅁ)

매도인과 매수인의 의무 / 82
매매계약체결 / 50
매입(Negotiation) / 51
매입은행(negotiating bank) / 111
무사고선화증권(clean B/L) / 131
무역거래 / 35
무역매매 / 35
무역상무 / 35
무역실무 / 35
무역영어(International Trade English) / 18
무역운송 / 129
무역통신문의 3가지 기능 / 27
문장형식(syntax) / 84

물류 / 35
물물교환(barter trade) / 38
물품매도확약서(offer) / 50

(ㅂ)

반대 오퍼(counter offer) / 75
반송비(expense for return) / 162
발신인 / 22
발신일자(Date) / 22, 28
범위(scope) / 84
보험(insurance) / 63
보험가액(insurable value) / 135
보험계약자(policy holder) / 134
보험금(claim amount) / 135
보험금액(amount insured) / 135, 137
보험대리점(insurance agent) / 134
보험료(insurance premium) / 135, 137
보험자(insurer) / 134
보험조건(terms of insurance) / 78, 79
보험중개인(insurance broker) / 134
보험증권(insurance policy) / 130
복합운송(combined transport or multimodal transport) / 133
본문(Body of the Letter) / 22, 30
본문약관(body clause) / 137
본선수취증(mate's receipt: M/R) / 48, 130
본인거래(principals) / 63
부정기선(tramper) / 47
부정송장(incorrect invoice) / 163
분석증명서(certificate of analysis) / 130
분손담보(With Average: WA; With Particular Average: WPA) / 138
분손부담보 / 138
분손부담보조건(Free from Particular Average: FPA) / 138
불가항력 약관(force majeure clause) / 37
불확정오퍼(free offer) / 75
비즈니스 커뮤니케이션 / 17

(ㅅ)

사고부선화증권(foul or dirty B/L) / 131
사본배부처 / 22
사본송부처 표시(Carbon Copy Notation) / 31
사전송금방식(Payment in Advance) / 106
상류 / 35
상업송장(Commercial Invoice) / 48, 130, 132
상업흥신소(Commercial or Mercantile Agency) / 61
상표(trademark) / 96
상품입수불능의 위험(mercantile risk) / 108
상환은행(reimbursing bank) / 111
서두(Letterhead) / 28
서두인사(Salutation) / 22, 29
서류상환불(Cash against Documents; CAD) / 106
서명(Signature) / 22, 30
서신책임자 약호(Identification Marks) / 31
선박(hull) / 137
선박명(name of vessel) / 137
선복신청서(Shipping Request) / 51
선서약관(attestation clause) / 138
선적(shipment) / 63
선적불이행(non-delivery) / 162
선적서류(shipping documents) / 80, 129
선적시기(time of shipment) / 79
선적조건(terms of shipment) / 78, 79
선적지시서(shipping order: S/O) / 48
선적지연(delayed shipment) / 162
선적항과 도착항(port of shipment & destination) / 136
선착순판매조건오퍼(offer subject to prior sale) / 75
선하증권 발행 / 48, 51
선하증권(B/L) / 48, 130
세관송장(Customs Invoice) / 130, 132
소송(Litigation) / 163, 164
송금방식 / 106
수량(quantity) / 63
수량조건(terms of quantity) / 78
수신인 / 22
수신인명 및 주소(Inside Address) / 29
수익자(beneficiary) / 111
수입거래의 절차 / 50
수입계약 / 50
수입승인신청 / 50
수입신고 / 51
수입신용장의 개설신청 / 50
수출금융 / 46
수출승인 / 46
수출신용장 / 46
수출업자(수익자; beneficiary) / 46

수출입 주요 프로세스 / 53
수출입 프로세스 개념도 / 54
수출절차 / 49
수출통관신고 / 48
수출환어음 / 48
수출환어음매입의뢰 / 48
수취증(receipt of goods) / 131
숨겨진 사본배부처 / 22
시장조사(marketing research) / 59
신용위험(credit risk) / 36
신용장 / 108
신용장 내도통지 / 50
신용장 통지 / 50
신용장방식 / 107
신용장부화환어음(Documentary Bill of Exchange with Letter of Credit) / 107
신용장의 기능 / 109
신용장의 정의 / 109
신용조사(credit inquiry) / 60
신용조사철(credit file) / 61
신용조회처(credit reference) / 62
실용신안(utility model) / 96

(ㅇ)

알선(intercession; arrangement) / 163
약인약관(consideration clause) / 137
어음 및 선적서류 / 48
어음 및 선적서류 송부 / 51
어음 및 선적서류 제시 / 51
어음, 선적서류 매도 / 51
어음결제 / 49, 51
연계무역(counter trade) / 38
영사송장(Consular Invoice) / 130, 132
예치환거래은행(depositary correspondent bank) / 111
오퍼의 발행 / 74
오퍼의 승낙(Acceptance) / 75
오퍼의 종류 / 75
오프라인 무역 / 17, 19
온라인(On Line) 무역 / 17, 19
온라인 무역통신문 / 22
온·오프라인 마케팅 / 20
외국원자재 수입 / 47
외국환은행(매입은행; negotiating bank) / 48, 51
외환은행(Exchange Bank) / 61
용선운송계약(contract of carriage by charter party) / 129
용적(measurement) / 78
용적중량증명서(certificate and list of measurement and/or weight) / 130
운송계약(contract of carriage) / 51, 131
운송방식(modality) / 84
운송서류(transport document) / 130
운송위험(transit risk) / 36
운임(freight) / 137
원산지증명서(certificate of origin : C/O) / 130, 132
위생증명서(certificate of health) / 130
위탁가공무역 / 40
위탁판매무역(consignment trade) / 39
위험(risk) / 136
은행조회처(bank reference) / 62
의사소통의 장해·법률상의 위험(legal risk) / 36
의장(design) / 96
인수도조건(documents against acceptance, D/A) / 107
인수은행(accepting bank) / 111
인코텀즈(Incoterms) / 81
일반수입절차 / 52
일반수출절차 / 49
일반적 조건(general terms and conditions) / 62

(ㅈ)

재고잔유조건오퍼(offer subject to being unsold) / 75
재포장비(repacking charge) / 162
저작권(copyright) / 96
적화(cargo) / 137
적화보험약관(institute cargo clause) / 136
전손 / 140
전손담보 / 138
전손담보조건(Total Loss Only : TLO) / 138
전위험담보 / 138
전위험담보조건(All Risks : A/R) / 138
전자무역 네트워크 / 41
전자무역(Electronic Trade) / 17
전자무역의 클레임 / 164
정기선(liner) / 47
정식배서(duly endorsed) / 131
조건부오퍼(conditional offer) / 75

조정(conciliation; mediation) / 164
조정인(conciliator) / 164
조정인(mediator) / 164
조회(Inquiry) / 74
조회(trade inquiry) / 60
주문(Order) / 76
주문서(order sheet) / 62, 77
주문의 승낙(Acknowledgement of Order) / 76
주문확인서(confirmation of order) / 77
준거법약관 / 137
중개무역(仲介貿易; merchandising trade) / 39
중계무역(中繼貿易; intermediate trade) / 39
중량(weight) / 78
중량용적증명서(Certificate and list of measurement and/or weight) / 133
중재(arbitration) / 164
중재인(arbitrator) / 164
지급신용장(straight credit) / 110
지급인도조건(documents against payment : D/P) / 107
지급·인수·매입은행(paying, accepting or negotiating bank) / 110
직접거래(direct trade) / 38

(ㅊ)

착하부족(shortage) / 162
참조번호(Reference Number) / 30
첨부서류 / 22
초과지급(overpayment) / 162
추신(Postscript) / 31
추심결제방식 / 107
출하부족(short shipment) / 162

(ㅋ)

컨테이너(container) / 47, 133
쿼터배정 / 46
클레임(claim) / 63, 162
클레임의 의의 / 162

(ㅌ)

타보험약관(other insurance clause) / 137
통지은행(advising bank) / 46, 110
특정인 수신표시(Attention Line) / 30
특허권(patent) / 96

(ㅍ)

파손화물보상장(letter of indemnity; L/I) / 131
판매서(sales note) / 76
판매오퍼(selling offer) / 74
포괄계약(master contract) / 77
포장명세서(packing list : P/L) / 48, 130, 132
포장불완전(incomplete packing) / 162
품질(quality) / 63
품질불량(inferior quality) / 162
품질상위(different quality) / 162
품질조건(terms of quality) / 78
품질증명서(certificate of Quality) / 130
피보험목적물(subject-matter insured) / 135, 137
피보험이익(insurable interest) / 135
피보험자(insured) / 134
피보험자의 성명(name of assured) / 136

(ㅎ)

하역손상(stevedore damage) / 162
학제간(interdisciplinary) / 18
해상보험 / 133
해상보험증권(insurance policy) / 47, 48, 131
해상보험증권의 양식 / 136
해상운송 / 129
협정서(agreement) / 62
협회동맹파업약관(institute strikes clauses; cargo) / 139
협회적화약관 A Clauses / 139
협회적화약관 B Clauses / 139
협회적화약관 C Clauses / 139
협회전쟁약관(institute war clauses; cargo) / 139
화물도착통지서(Arrival Notice) / 131
화물선취보증장(letter of guarantee; L/G) / 131
화물인도지시서(Delivery Order: D/O) / 48, 49, 131
화환어음(Documentary Bill) / 48, 51
확인은행(confirming bank) / 111
확정오퍼(firm offer) / 75
환 위험(foreign exchange risk) / 36

(A)

a consolidated container : 혼재(混載) 컨테이너 / 145
a ruch of order / 86
Acceptance / 93
Advice of Correspondent's Irrevocable Credit / 125
Agreement on General Terms and Conditions / 102
Application for Insurance Contract / 146
arbitration / 96
article : 품목 / 169
award : 중재판정 / 96

(B)

Bending and/or Denting : 굴곡·눌린자국 손해담보 / 139
Bill of Exchange / 123
Bill of Lading : 선하증권 / 141, 152, 153
Bolero Project / 45
Breakage, Leakage, Shortage : 파손·누손·부족위험담보 / 139
Business / 102
Business English / 18

(C)

Capacity(경영능력) / 61
Capital(재무상태) / 61
Central Fisherise Inspection Station / 88
Certificate of Marine Cargo Insurance / 158
Certificate of Origin : 원산지증명서 / 141, 150
Character(社風) / 60
Claim for delayed shipment / 167
Claim Settlement / 175
Claims / 96, 103
Commercial English / 18
Commercial Invoice : 상업송장 / 141, 149
Confirmation of Marine Insurance / 147
Confirmation of Order / 97
confirmation of the L/C / 118
confirming bank / 117
COOC(Contact With Oil and/or Other Cargo) : 유류 또는 타물과의 접촉손담보 / 139
Counter Offer / 92

(D)

D/A 조건 / 107
D/P 조건 / 107
Delayed Shipment / 102
delivery / 86
Door to Door System / 133

(E)

E. & O. E. / 91
estimate / 90
ETA(estimated time of arrival) : 도착예정일 / 168
ETD(estimated time of departure) : 출항예정일 / 168
expected profit / 99
expiration date / 115
Expiration Date of L/C / 115
Export Letter of Credit / 122

(F)

financial facility / 120
Force Majeure / 102, 103
forwarding agent : 운송업자 / 168

(G)

General Terms and Conditions / 96
Goods / 102
Governing Law : 준거법 / 96

(H)

Hook & Hole : 갈고리 손상담보 / 139

(I)

ICC(A) / 147
Incoterms 2020 / 78, 79, 81
Incoterms® 2020 규칙 / 83
infringement / 96
Inquiry / 85
Institute Cargo Clause (A) / 80

Institute Cargo Clause (B) / 80
Institute Cargo Clause (C) / 80
insurance / 103
Intellectual Property / 96
Invoice Value / 157
ISO / 47

(L)

Letter of Credit / 102
Letter of Guarantee / 156
Letter of Indemnity / 151
local heavy rain : 국지적인 폭우 / 172

(M)

Marine Insurance / 103
minimum quantity / 91
Mould & Mildew : 곰팡이 손상담보 / 139
MS(motor ship) / 137

(O)

Offer Sheet / 88
Offers / 102
Order / 94
Orders / 102

(P)

Payment / 102
postponement of shipment / 144
Prices / 102
primage : 선장사례금(hot money) / 155
Purchase Note / 99
Purchase Order / 94, 95, 96

(R)

Rat and Vermin : 쥐 및 벌레 손상담보 / 139
reasonable price / 89
RFWD(Rain and/or Fresh Water Damage) :
우·담수손담보 / 139

(S)

Sales Note / 98, 100
Selling Offer / 87
Shipment / 102
Shipment Advice / 143
Shipping Advice / 141, 147
Shipping Marks / 95, 145
Shipping Notice / 142
sluggish market / 85
SS(steam ship) / 137
subcontractors / 115
Sweat & Heat : 땀 및 열증발 손해담보 / 139

(T)

terms of payment / 91
the Invoice amount / 100
The Korea Commercial Arbitration Association :
대한 상사중재원 / 96
time of delivery / 91
TPND(Theft, Pilferage and/or Non-Delivery) :
도난·발하·불착위험담보 / 100, 139, 148
Trade Card / 44
Trade Terms / 96
TT Club / 45

(U)

UCP / 109
unit price / 91

(W)

War & S.R.C.C. Risks / 147
WOB(washing overboard) : 갑판상유실손상담보 / 139